Todos los libros de Linkgua Ediciones cuentan con modelos de Inteligencia Artificial entrenados por hispanistas. Pregúntale al chat de tu libro lo que desees acerca de la obra o su autor/a.

Para **ebooks**: Accede a nuestro modelo de IA a través de este enlace.

Para **libros impresos**: Escanea el código QR de la portada con tu dispositivo móvil.

Obtén análisis detallados de nuestros libros, resúmenes, respuestas a tus preguntas y accede a nuestras ediciones críticas generativas para una experiencia de lectura más enriquecedora.
La transparencia y el respeto hacia la autoría de las fuentes utilizadas son distintivos básicos de nuestro proyecto. Por ello, las respuestas ofrecen, mediante un sistema de citas, las fuentes con las que han sido elaboradas.

Autores varios

Ley fundamental cubana de 1959

Barcelona 2024
Linkgua-ediciones.com

Créditos

Título original: Ley fundamental cubana de 1959.

© 2024, Red ediciones S. L.

e-mail: info@linkgua.com

Diseño de la colección: Michel Mallard.

ISBN rústica ilustrada: 978-84-9953-755-9.
ISBN tapa dura: 978-84-9953-848-8.
ISBN ebook: 978-84-9629-003-7.

Sumario

Cuba. Ley Fundamental de 1959

(7 de febrero de 1959)

Título primero. De la Nación, su Territorio y Forma de Gobierno

Artículo 1. Cuba es un Estado independiente y soberano organizado como república unitaria y democrática, para el disfrute de la libertad política, la justicia social, el bienestar individual y colectivo y la solidaridad humana.

Artículo 2. La soberanía reside en el pueblo y de éste dimanan todos los poderes públicos.

Artículo 3. El territorio de la República está integrado por la Isla de Cuba, la Isla de Pinos y las demás islas y cayos adyacentes que con ellas estuvieron bajo la soberanía de España hasta la ratificación del Tratado de París de diez de diciembre de mil ochocientos novena y ocho. La República no concertará ni ratificará pactos o tratados que de forma alguna limiten o menoscaben la soberanía nacional o la integridad del territorio.

Artículo 4. El territorio de la República se divide en provincias y éstas en términos municipales. Las actuales provincias se denominan: Pinar de Río, La Habana, Matanzas, Las Villas, Camagüey y Oriente.

Artículo 5. La bandera de la República es la de Narciso López que se izó en la fortaleza del Morro de La Habana el día veinte de mayo de mil novecientos dos, al transmitirse los poderes públicos al pueblo de Cuba. El escudo nacional es el que como tal está establecido por la Ley. La República no reconocerá ni consagrará con carácter nacional, otra bandera, himno o escudo que aquéllos a que este **Artículo** se refiere. En los edificios, fortalezas y dependencias públicas y en los actos oficiales, no se izará más bandera que la nacional, salvo las extrajeras en los casos y en la forma permitidos por el Protocolo y por los usos internacionales, los tratados y las leyes. Por excepción podrá enarbolarse en la ciudad de Bayamo, declarada monumento nacional, la bandera de Carlos Manuel de Céspedes. El himno nacional es el de Bayamo, compuesto por Pedro Figueredo, y será el único que se ejecute en todas las dependencias del Gobierno, cuarteles y altos oficiales. Los himnos extranjeros podrán ejecutarse en los casos expresados anteriormente en relación con las banderas extranjeras. No obstante, lo dispuesto en el párrafo segundo de este **Artículo** las sociedades, organizaciones o centros de cualquier clase podrán izar sus banderas o insignias en sus edificios, pero siempre el pabellón nacional ocupará lugar preferente.

Artículo 6. El idioma oficial de la República es el español.

Artículo 7. Cuba condena la guerra de agresión; aspira a vivir en paz con los demás Estados y a mantener con ellos relaciones y vínculos de cultura y de comercio. El Estado cubano hace suyos los principios y prácticas del Derecho Internacional que propendan a la solidaridad humana, al respeto de la soberanía de los pueblos, a la reciprocidad entre los Estados y a la paz y la civilización universales.

Título segundo. De la Nacionalidad

Artículo 8. La ciudadanía comporta deberes y derechos, cuyo ejercicio adecuado será regulado por la Ley.

Artículo 9. Todo cubano está obligado:

a) A servir con las armas a la patria en los casos y en la forma que establezca la Ley;

b) A contribuir a los gastos públicos en la forma y cuantía que la Ley disponga;

c) A cumplir la Ley Fundamental y las Leyes de la República y observar conducta cívica inculcándola a los propios hijos y a cuantos estén bajo su abrigo, promoviendo en ellos la más pura conciencia nacional.

Artículo 10. El ciudadano tiene derecho:

a) A residir en su patria sin que sea objeto de discriminación ni extorsión alguna, no importa cuáles sean su raza, clase, opiniones políticas o creencias religiosas;

b) A votar según disponga la Ley en las elecciones y referendos que se convoquen en la República;

c) A recibir los beneficios de la asistencia social y de la cooperación pública, acreditando previamente en el primer caso su condición de pobre;

d) A desempeñar funciones y cargos públicos;

e) A la preferencia que en el trabajo dispongan la Ley Fundamental y la Ley.

Artículo 11. La ciudadanía cubana se adquiere por nacimiento o por naturalización.

Artículo 12. Son cubanos por nacimiento:

a) Todos los nacidos en el territorio de la República, con excepción de los hijos de los extranjeros que se encuentran al servicio de su gobierno;

b) Los nacidos en territorio extranjero, de padre o madre cubanos, por el solo hecho de avecindarse aquellos en Cuba;

c) Los que, habiendo nacido fuera del territorio de la República de padre o madre natural de Cuba que hubiesen perdido esta nacionalidad, reclamen la ciudadanía cubana, en la forma y con sujeción a las condiciones que señale la Ley;

d) Los extranjeros que por un año o más hubiesen prestado servicios en el Ejército Libertador, permaneciendo en éste hasta la terminación de la Guerra de Independencia, siempre que acrediten esta condición con documento fehaciente expedido por el Archivo Nacional;

e) Los extranjeros que hubiesen servido a la lucha contra la tiranía derrocada el día 31 de diciembre de 1958 en las filas del Ejército Rebelde durante dos años o más, y hubiesen ostentado el grado de comandante durante un año por lo menos, siempre que acrediten esas condiciones en la forma que la Ley disponga.

Artículo 13. Son cubanos por naturalización:

a) Los extranjeros que después de cinco años de residencia continua en el territorio de la República y no menos de uno después de haber declarado su intención de adquirir la nacionalidad cubana, obtengan la carta de ciudadanía con arreglo a la Ley, siempre que conozcan el idioma español;

b) El extranjero que contraiga matrimonio con cubana, y la extranjera que lo contraiga con cubano, cuando tuvieren prole de esa unión o llevaren dos años de residencia continua en el país después de la celebración del matrimonio, y siempre que hicieren previa renuncia de su nacionalidad de origen;

c) Los extranjeros que hubieren servido a la lucha armada contra la tiranía derrocada el 31 de diciembre de 1958, y que al finalizar la misma hubieren estado ostentando grados de oficiales del Ejército Rebelde, siempre que acrediten esas condiciones en la forma que la Ley disponga.

Artículo 14. Las cartas de ciudadanía y los certificados de nacionalidad cubana estarán exentos de tributación.

Artículo 15. Pierden la ciudadanía cubana:

a) Los que adquieran una ciudadanía extranjera;

b) Los que, sin permiso del Consejo de Ministros, entren al servicio militar de otra nación, o al desempeño de funciones que lleven aparejada autoridad o jurisdicción propia;

c) Los cubanos por naturalización que residan tres años consecutivos en el país de su nacimiento, a no ser que expresen cada tres años, ante la autoridad consular correspondiente su voluntad de conservar la ciudadanía cubana. La Ley podrá determinar delitos y causas de indignidad que produzcan la pérdida de la ciudadanía por naturalización, mediante sentencia firme de los tribunales competentes;

d) Los naturalizados que aceptaren una doble ciudadanía. La pérdida de la ciudadanía por los motivos consignados en los incisos b) y c) de este **Artículo**, no se hará efectiva sino por sentencia firme dictada en juicio contradictorio ante tribunal de justicia, según disponga la Ley.

Artículo 16. Ni el matrimonio ni su disolución afectan a la nacionalidad de los cónyuges o de sus hijos. La cubana casada con extranjero conservará la nacionalidad cubana. La extranjera que se case con cubano y el extranjero que se case con cubano conservarán su nacionalidad de origen, o adquirirán cubana, previa opción regulada por esta Ley Fundamental, la Ley o los tratados internacionales.

Artículo 17. La ciudadanía cubana podrá recobrarse en la forma que prescriba la Ley.

Artículo 18. Ningún cubano por naturalización podrá desempeñar, a nombre de Cuba, funciones oficiales en su país de origen.

Disposiciones Transitorias al Título segundo

Primera. Los extranjeros comprendidos en los incisos 1, 2, 4 y 5 del **Artículo** sexto de la Constitución de 1901, conservarán los derechos reconocidos por dicho precepto, siempre que cumplan los requisitos correspondientes.

Segunda. Las certificaciones del Registro de Españoles expedidas hasta el 11 de abril de 1950, serán válidas en cualquier tiempo. Con posterioridad a dicha fecha ha de entenderse generalizado para todos los extranjeros el procedimiento establecido en la Ley Fundamental.

Título tercero. De la Extranjería

Artículo 19. Los extranjeros residentes en el territorio de la República se equiparan a los cubanos:

a) En cuanto a la protección de su persona y bienes;

b) En cuanto al goce de los derechos reconocidos en esta Ley Fundamental, con excepción de los que se otorgan exclusivamente a los nacionales. El Gobierno, sin embargo, tiene la potestad de obligar a un extranjero a salir del territorio nacional en los casos y forma señalados en la Ley. Cuando se trate de extranjeros con familia cubana constituida en Cuba, deberá mediar fallo judicial para la expulsión, conforme a lo que prescriben las leyes de la materia. La Ley regulará la organización de las asociaciones de extranjeros, sin permitir discriminaciones contra los derechos de los cubanos que formen parte de ellas;

c) En la obligación de acatar el régimen económico-social de la República;

d) En la obligación de observar la Ley Fundamental y la Ley;

e) En la obligación de contribuir a los gastos públicos en la forma y cuantía que la Ley disponga;

f) En la sumisión y la jurisdicción y resoluciones de los Tribunales de Justicia y autoridades de la República;

g) En cuanto al disfrute de los derechos civiles, bajo las condiciones y con las limitaciones que la Ley prescriba.

Título cuarto. Derechos Fundamentales

Sección primera. De los Derechos Individuales
Artículo 20. Todos los cubanos son iguales ante la Ley. La República no reconoce fueros ni privilegios. Se declara ilegal y punible toda discriminación por motivo de sexo, raza, color o clase, y cualquiera otra lesiva a la dignidad humana. La Ley establecerá las sanciones en que incurran los infractores de este precepto.

Artículo 21. Las leyes penales tendrán efecto retroactivo cuando sean favorables al delincuente, se excluye de este beneficio, en los casos en que haya mediado dolo, a los funcionarios o empleados públicos que delincan en el ejercicio de su cargo y a los responsables de delitos electorales y contra los derechos individuales que garantiza esta Ley Fundamental. A los que incurrieren en estos delitos se les aplicarán las sanciones y calificaciones de la Le y vigente al momento de delinquir. En los casos de delitos cometidos en servicio de la tiranía derrocada el día 31 de diciembre de 1958, los autores podrán ser juzgados de acuerdo con las leyes penales que fueren promulgadas al efecto.

Artículo 22. Las demás leyes no tendrán efecto retroactivo, salvo que la propia Ley lo determine por razones de orden público, de utilidad social o de necesidad nacional, señaladas expresamente en la Ley con el voto conforme de las dos terceras partes del número total de los miembros del Consejo de Ministros. Si fuere impugnado el fundamento de la retroactividad en vía de inconstitucionalidad corresponderá al Tribunal de Garantías Constitucionales y Sociales decidir sobre el mismo, sin que pueda dejar de hacerlo por razón de forma u otro motivo cualquiera. En todo caso, la propia Ley establecerá el grado, modo y forma en que se indemnizarán los daños, si los hubiere, que la retroactividad infiriese a los derechos adquiridos legítimamente al amparo de una legislación anterior. La Ley acordada al amparo de este **Artículo** no será válida si produce efectos contrarios a lo dispuesto en el **Artículo** veinticuatro de esta Ley Fundamental.

Artículo 23. Las obligaciones de carácter civil que nazcan de los contratos o de otros actos u omisiones que las produzcan no podrán ser anuladas ni alteradas por el Poder Legislativo ni por el Ejecutivo, y por consiguiente, las leyes no podrán tener efecto retroactivo respecto a dichas obligaciones. El ejercicio de las acciones que de éstas se deriven podrá ser suspendido, en caso de grave crisis nacional, por el tiempo que fuere razonablemente necesario, mediante los mismos requisitos y sujeto a la impugnabilidad a que se refiere el párrafo primero del **Artículo** anterior.

Artículo 24. Se prohíbe la confiscación de bienes pero se autoriza la de los bienes del tirano depuesto el día 31 de diciembre de 1958 y de sus colaboradores, los de las personas naturales o jurídicas responsables de los delitos cometidos contra la economía nacional o la hacienda pública, y los de las que se enriquezcan o se hayan enriquecido ilícitamente al amparo del Poder Público. Ninguna otra persona natural o jurídica podrá ser privada de su propiedad si no es por autoridad judicial competente, por causa justificada de utilidad pública o de interés social y siempre previo el pago de la correspondiente indemnización en efectivo, fijada judicialmente. La falta de cumplimiento de estos requisitos determinará el derecho del expropiado a ser amparado por los Tribunales de Justicia y, en su caso, reintegrado en su propiedad. La certeza de la causa de utilidad pública o interés social y la necesidad de la expropiación corresponderá decidirlas a los tribunales de justicia en caso de impugnación.

Artículo 25. No podrá imponerse la pena de muerte. Se exceptúan los casos de los miembros de las Fuerzas Armadas, de los cuerpos represivos de la Tiranía, de los grupos auxiliares organizados por ésta, de los grupos armados privadamente organizados para defenderla y de los confidentes, por delitos cometidos en pro de la instauración o defensa de la Tiranía derrocada el 31 de diciembre de 1958. También se exceptúan las personas culpables de traición o de subversión de orden constitucional o de espionaje en favor del enemigo en tiempo de guerra con nación extranjera.

Artículo 26. La Ley Procesal Penal establecerá las garantías necesarias para que todo delito resulte probado independientemente del testimonio del acusado, del cónyuge y también de sus familiares hasta el cuarto grado de consanguinidad y segundo de afinidad. Se considerará inocente a todo acusado hasta que se dicte condena contra él. En todos los casos, las autoridades y sus agentes levantarán acta de la detención, que firmará el detenido, a quién se le comunicará la autoridad que la ordenó, el motivo que la produce y el lugar a donde va a ser conducido, dejándose testimonio en acta de todos estos particulares. Son públicos los registros de detenidos y presos. Todo hecho contra la integridad personal, la seguridad o la honra de un detenido será imputable a sus aprehensores o guardianes, salvo que se demuestre lo contrario. El subordinado podrá rehusar el cumplimiento de las órdenes que infrinjan esta garantía. El custodio que hiciere uso de las armas contra un detenido o preso que intentare fugarse será necesariamente inculpado y responsable, según las leyes, del delito que hubiere cometido. Los detenidos o presos políticos o sociales se recluirán en departamentos separados del de los delincuentes comunes y no serán sometidos a trabajo alguno, ni a la reglamentación del penal para los presos comunes. Ningún detenido o preso será incomunicado. Solamente la jurisdicción ordinaria conocerá de las infracciones de este precepto, cualesquiera que sean el lugar, circunstancias y personas que en la detención intervengan.

Artículo 27. Todo detenido será puesto en libertad o entregado a la autoridad judicial competente, dentro de las veinticuatro horas siguientes al acto de su detención. Toda detención se dejará sin efecto, o se elevará a prisión, por auto judicial fundado, dentro de las setenta y dos horas de haberse puesto el detenido a la disposición del juez competente. Dentro del mismo plazo se notificará al interesado el auto que se dictare. La prisión preventiva se guardará en lugares distintos y completamente separados de los destinados a la extinción de las penas, sin que puedan ser sometidos a los que así guarden prisión a trabajo alguno, ni a la reglamentación del penal para los que extingan condenas.

Artículo 28. Nadie será procesado ni condenado sino por juez o tribunal competente, en virtud de leyes anteriores al delito y con las formalidades y garantías que éstas establezcan. No se dictará sentencia contra el procesado rebelde ni será nadie condenado en causa criminal sin ser oído. Tampoco se le obligará a declarar contra sí mismo, ni contra su cónyuge o parientes dentro del cuarto grado de consanguinidad o segundo de afinidad. No se ejercerá violencia ni coacción de ninguna clase sobre las personas para forzarlas a declarar. Toda declaración obtenida con infracción de este precepto será nula, y los responsables incurrirán en las penas que fije la Ley.

Artículo 29. Todo el que se encuentre detenido o preso fuera de los casos o sin las formalidades y garantías que prevean la Ley Fundamental y las leyes, será puesto en libertad, a petición suya o de cualquier otra persona, sin necesidad de poder ni de dirección letrada, mediante un sumarísimo procedimiento de Hábeas Corpus ante los tribunales ordinarios de justicia. El tribunal no podrá declinar su jurisdicción, ni admitir cuestiones de competencia en ningún caso ni por motivo alguno, ni aplazar su resolución, que será preferente a cualquier otro asunto. Es absolutamente obligatoria la presentación ante el tribunal que haya expedido el Hábeas Corpus de toda persona detenida o presa, cualquiera que sea la autoridad o funcionario, persona o entidad que la retenga, sin que pueda alegarse obediencia debida. Serán nulas, y así lo declarará de oficio la autoridad judicial, cuantas disposiciones impidan o retarden la presentación de la persona privada de libertad, así como las que produzcan cualquier dilación en el procedimiento de Hábeas Corpus. Cuando el detenido o preso no fuere presentado ante el tribunal que conozca del Hábeas Corpus, éste decretará la detención del infractor, el que será juzgado de acuerdo con lo que disponga la Ley. Los Jueces o Magistrados que se negaren a admitir la solicitud de mandamiento de Hábeas Corpus, o no cumplieren las demás disposiciones de este **Artículo**, serán separados de sus respectivos cargos por la Sala de Gobierno del Tribunal Supremo.

Artículo 30. Toda persona podrá entrar y permanecer en el territorio nacional, salir de él, trasladarse de un lugar a otro y mudarse de residencia, sin necesidad de carta de seguridad, pasaporte u otro requisito semejante, salvo lo que se disponga en las leyes sobre inmigración y las atribuciones de la autoridad en caso de responsabilidad criminal. A nadie se obligará a mudar de domicilio o residencia, sino por mandato de autoridad judicial en los casos y con los requisitos que la Ley señale. Ningún cubano podrá ser expatriado ni se le prohibirá la entrada en el territorio de la República.

Artículo 31. La República de Cuba brinda y reconoce el derecho de asilo a los perseguidos políticos, siempre que los acogidos a él respeten la soberanía y las leyes nacionales. El

Estado no autorizará la extradición de reos de delitos políticos ni intentará extraditar a los cubanos reos de esos delitos que se refugien en territorio extranjero. Cuando procediere, conforme a la Ley Fundamental y a la Ley, la expulsión de un extranjero del territorio nacional, ésta no se verificará si se tratare de asilado político, hacia el territorio del Estado que pueda reclamarlo.

Artículo 32. Es inviolable el secreto de la correspondencia y demás documentos privados, y ni aquélla ni éstos podrán ser ocupados ni examinados sino a virtud de Auto fundado de juez competente y por los funcionarios o agentes oficiales. En todo caso, se guardará secreto respecto de los extremos ajenos al asunto que motivare la ocupación o examen. En los mismos términos se declara inviolable el secreto de la comunicación telegráfica, telefónica y cablegráfica.

Artículo 33. Toda persona podrá, sin sujeción a censura previa, emitir libremente su pensamiento de palabra, por escrito o por cualquier otro medio gráfico u oral de expresión, utilizando para ello cualesquiera o todos los procedimientos de difusión disponibles. Sólo podrá ser recogida la edición de libros, folletos, discos, películas, periódicos o publicaciones de cualquier índole cuando atenten contra la honra de las personas, el orden social o la paz pública, previa resolución fundada de autoridad judicial competente y sin perjuicio de las responsabilidades que se deduzcan del hecho delictuoso cometido. En los casos a que se refiere este **Artículo** no se podrá ocupar ni impedir el uso y disfrute de los locales, equipos o instrumentos que utilice el órgano de publicidad de que se trate, salvo por responsabilidad civil.

Artículo 34. El domicilio es inviolable y, en su consecuencia, nadie podrá entrar de noche en el ajeno sin el consentimiento del morador, a no ser para socorrer a víctimas de delito o desastre; ni de día, sino en los casos y en la forma determinados por la Ley. En caso de suspensión de esta garantía, será requisito indispensable para penetrar en el domicilio de una persona, que lo haga la propia autoridad competente, mediante orden o resolución escrita de la que se dejará copia auténtica al morador, a su familia o al vecino más próximo, según proceda. Cuando la autoridad delegue en alguno de sus agentes, se procederá del mismo modo.

Artículo 35. Es libre la profesión de todas las religiones, así como el ejercicio de todos los cultos, sin otra limitación que el respeto a la moral cristiana y al orden público. La Iglesia estará separada del Estado, el cual no podrá subvencionar ningún culto.

Artículo 36. Toda persona tiene derecho a dirigir peticiones a las autoridades y a que le sean atendidas y resueltas en término no mayor de cuarenta y cinco días, comunicándosele lo resuelto. Transcurrido el plazo de la Ley, o en su defecto, el indicado anteriormente, el interesado podrá recurrir, en la forma que la Ley autorice, como si su petición hubiese sido denegada.

Artículo 37. Los habitantes de la República tienen el derecho de reunirse pacíficamente y sin armas, y el de desfilar y asociarse para todos los fines lícitos de la vida, conforme a las normas legales correspondientes, sin más limitación que la indispensable para asegurar el orden público. Es ilícita la formación y existencia de organizaciones políticas contrarias al régimen de gobierno representativo democrático de la República, o que atenten contra la plenitud de la soberanía nacional.

Artículo 38. Se declarará punible todo acto por el cual se prohíba o limite al ciudadano participar en la vida política de la nación.

Artículo 39. Solamente los ciudadanos cubanos podrán desempeñar funciones públicas que tengan aparejada jurisdicción.

Artículo 40. Las disposiciones legales, gubernativas o de cualquier otro orden que regulen el ejercicio de los derechos, que esta Ley Fundamental garantiza, serán nulas si los disminuyen, restringen o adulteran. Es legítima la resistencia adecuada para la protección de los derechos individuales garantizados anteriormente. La acción para perseguir las infracciones de este Título es pública, sin caución ni formalidad de ninguna especie y por simple denuncia. La enumeración de los derechos garantizados en este Título, no excluye los demás que esta Ley Fundamental establezca ni otros de naturaleza análoga o que se deriven del principio de la soberanía del pueblo y de la forma republicana de gobierno.

Disposiciones transitorias al Título cuarto, Sección
primera

Primera. La Ley establecerá las sanciones correspondientes a las violaciones del **Artículo** 20 de esta Ley Fundamental. Mientras no se promulgue nueva legislación al respecto, todo acto que viole el derecho consagrado en este **Artículo** y en sus concordantes, estará regido por las disposiciones legales vigentes en la fecha de su promulgación.

Segunda. Continúan en vigor como Disposiciones Transitorias de este Título, las promulgadas en relación con igual Título de la Constitución de 1940, con los ordinales de la primera y segunda.

Tercera. En los casos de expropiaciones forzosas que se realizaren para llevar a efecto la Reforma Agraria y el consiguiente reparto de tierras, no será imprescindible que el pago previo de las indemnizaciones sea en efectivo. La Ley podrá establecer otros medios de pago, siempre que reúnan las garantías necesarias.

Cuarta. En los casos de los miembros de las fuerzas armadas, de los cuerpos represivos de la Tiranía derrocada el 31 de diciembre de 1958, de los grupos auxiliares organizados por ésta, de los grupos armados privadamente organizados para defenderla y de los confidentes, por delitos cometidos en pro de la instauración o defensa de dicha Tiranía, los autores podrán ser sancionados en virtud de leyes posteriores al delito. Podrán ser igualmente sancionados en virtud de leyes posteriores al Tirano, sus colaboradores, las personas naturales o jurídicas responsables de delitos cometidos contra la economía nacional o la Hacienda Pública y los que se hayan enriquecido ilícitamente al amparo del Poder Público.

Quinta. No obstante lo dispuesto en el **Artículo** 38 de esta Ley Fundamental, podrán promulgarse leyes que limiten o prohíban la participación en la vida política de la Nación a aquellos ciudadanos que como consecuencia de su actuación pública y de su participación en los procesos electorales de la Tiranía, hayan coadyuvado al mantenimiento de la misma.

Sección segunda. De las garantías fundamentales
Artículo 41. Las garantías de los derechos reconocidos en los **Artículo**s veintiséis, veintisiete, veintiocho, veintinueve, treinta (párrafos primero y segundo), treinta y dos, treinta y tres, treinta y seis y treinta y siete (párrafo primero) de esta Ley Fundamental, podrán suspenderse, en todo o en parte del territorio nacional, por un período no mayor de cuarenta y cinco días naturales, cuando lo exija la seguridad del Estado, o en caso de guerra o invasión del territorio nacional, grave alteración del orden u otros que perturben hondamente la tranquilidad pública. La suspensión de las garantías fun-

damentales sólo podrá dictarse, mediante una ley especial, acordada por el Consejo de Ministros, o mediante Decreto del Poder Ejecutivo; pero en este último caso, en el mismo decreto de suspensión, se dispondrá dar cuenta al Consejo de Ministros, para que en un término no mayor de cuarenta y ocho horas ratifique o no la suspensión en votación nominal y por mayoría de votos. En el caso de que el Consejo de Ministros así reunido votase en contra de la suspensión, las garantías quedarán automáticamente restablecidas.

Artículo 42. El territorio en que fueren suspendidas las garantías a que se refiere el **Artículo** anterior, se regirá por la Ley de Orden Público; pero ni en dicha Ley ni en otra alguna podrá disponerse la suspensión de más garantías que las mencionadas. Tampoco podrá hacerse declaración de nuevos delitos ni imponerse otras penas que las establecidas por la Ley al disponerse la suspensión. Los detenidos por los motivos que hayan determinado la suspensión deberán ser recluidos en lugares especiales destinados a los procesados o penados por delitos políticos o sociales. Queda prohibido al Poder Ejecutivo la detención de persona alguna por más de diez días sin hacer entrega de ella a la autoridad judicial.

Sección primera. Familia

Artículo 43. La familia, la maternidad y el matrimonio tienen la protección del Estado. Sólo es válido el matrimonio autorizado por funcionarios con capacidad legal para realizarlo. El matrimonio judicial es gratuito y será mantenido por la Ley. El matrimonio es el fundamento legal de la familia y descansa en la igualdad absoluta de derechos para ambos cónyuges; de acuerdo con este principio se organizará su régimen económico. La mujer casada disfruta de la plenitud de la capacidad civil, sin que necesite de licencia o autorización marital para regir sus bienes, ejercer libremente el comercio, la industria, profesión, oficio o arte, y disponer del producto de su trabajo. El matrimonio puede disolverse por acuerdo de los cónyuges o a petición de cualquiera de los dos por las causas y en la forma establecidas en la Ley. Los tribunales determinarán los casos en que por razón de equidad, la unión entre personas con capacidad legal para contraer matrimonio será equiparada, por su estabilidad y singularidad, al matrimonio civil. Las pensiones por alimentos a favor de la mujer y de los hijos gozaran de preferencia respecto a cualquier obligación, y no podrá oponerse a esa preferencia la condición de inembargable de ningún bien, sueldo, pensión o ingreso económico, de cualquier clase que sea. Salvo que la mujer tuviere medios justificados de subsistencia, o fuere declarada culpable, se fijará en su beneficio una pensión proporcionada a la posición económica del marido y teniendo en cuenta, a la vez, las necesidades de la vida social. Esta pensión será pagada y garantizada por el marido divorciado y subsistirá hasta que su ex cónyuge contrajere nuevo matrimonio, sin perjuicio de la pensión que se fijará a cada hijo, la cual deberá ser también garantizada. La Ley impondrá adecuadas sanciones a los que, en caso de divorcio, de separación o cualquiera otra circunstancia, traten de burlar o eludir esa responsabilidad.

Artículo 44. Los padres están obligados a alimentar, asistir, educar e instruir a sus hijos, y éstos a respetar y asistir a sus padres. La Ley asegurará el cumplimiento de estos deberes con garantías y sanciones adecuadas. Los hijos nacidos fuera del matrimonio de persona que al tiempo de la concepción estuviere en aptitud de contraerlo, tienen los mismos derechos y deberes que se señalan en el párrafo anterior, salvo lo que la Ley prescribe en cuanto a la herencia. A ese efecto tendrán iguales derechos los habidos fuera del matrimonio por persona casada cuando esta los reconociere o cuando recayere sentencia declarando la filiación. La Ley regulará la investigación de la paternidad. Queda abolida toda calificación sobre la naturaleza de la filiación. No se consignará declaración alguna diferenciando los nacimientos, ni sobre el estado civil de los padres, en las actas de inscripción de aquéllos, ni en ningún atestado, partida de bautismo o certificación referente a la filiación.

Artículo 45. El régimen fiscal, los seguros y la asistencia social se aplicarán de acuerdo con las normas de protección a la familia, establecidas en esta Ley Fundamental. La niñez y la juventud estarán protegidas contra la explotación y el abandono moral y material. El Estado, la Provincia y el Municipio organizarán instituciones adecuadas al efecto.

Artículo 46. Dentro de las restricciones señaladas en esta Ley Fundamental, el cubano tendrá libertad de testar sobre la mitad de la herencia.

Sección segunda. Cultura

Artículo 47. La cultura, en todas sus manifestaciones, constituye un interés primordial del Estado. Son libres la investigación científica, la expresión artística y la publicación de sus resultados, así como la enseñanza, sin perjuicio, en cuanto a ésta de la inspección y reglamentación que al Estado corresponda y que la Ley establezca.

Artículo 48. La instrucción primaria es obligatoria para el menor en edad escolar, y su dispensación lo será para el Estado, sin perjuicio de la cooperación encomendada a la iniciativa municipal. Tanto esta enseñanza como la pre-primaria y las vocacionales serán gratuitas cuando las impartan el Estado, la Provincia o el Municipio. Asimismo lo será el material docente necesario. Será gratuita la segunda enseñanza elemental y toda enseñanza superior que impartan el Estado o los Municipios con exclusión de los estudios preuniversitarios especializados y los universitarios. En los institutos creados o que se crearen en lo sucesivo, con categoría de preuniversitarios, la Ley podrá mantener o establecer el pago de una matrícula módica de cooperación, que se destinará a las atenciones de cada establecimiento. En cuanto le sea posible, la República ofrecerá becas para el disfrute de las enseñanzas oficiales no gratuitas a los jóvenes que, habiendo acreditado vocación y aptitud sobresalientes se vieren impedidos, por insuficiencia de recursos, de hacer tales estudios por su cuenta.

Artículo 49. El Estado mantendrá un sistema de escuelas para adultos, dedicadas particularmente a la eliminación y prevención del analfabetismo; escuelas rurales predominantemente prácticas, organizadas con vista de los intereses de las pequeñas comunidades agrícolas, marítimas o de cualquier clase, y escuelas de artes y oficios y de técnica agrícola, industrial y comercial, orientadas de modo que respondan a las necesidades de la economía nacional. Todas estas enseñanzas serán gratuitas, y a su sostenimiento colaboraran las Provincias y los Municipios en la medida de sus posibilidades.

Artículo 50. El Estado sostendrá las escuelas normales indispensables para la preparación técnica de los maestros encargados de la enseñanza primaria en las escuelas públicas. Ningún otro centro podrá expedir títulos de maestros primarios, con excepción de las Escuelas de Pedagogía de las Universidades. Lo anteriormente dispuesto no excluye el derecho de las escuelas creadas por la Ley para la expedición de títulos docentes en relación con las materias especiales objeto de sus enseñanzas. Estos títulos docentes de capacidad especial darán derecho a ocupar con toda preferencia las plazas vacantes o que se creen en las respectivas escuelas especializadas. Para la enseñanza de la economía doméstica, corte y costura e industria para la mujer, deberá de poseerse el título de maestro de economía, artes, ciencias domésticas e industria, expedido por la Escuela del Hogar.

Artículo 51. La enseñanza pública se constituirá en forma orgánica, de modo que exista una adecuada articulación y continuidad entre todos sus grados, incluyendo el superior. El sistema oficial proveerá al estímulo y desarrollo vocacionales, atendiendo a la multiplicidad de las profesiones y teniendo en cuenta las necesidades culturales y prácticas de la nación. Toda enseñanza, pública o privada, estará inspirada en un espíritu de cubanidad y de solidaridad humana, tendiendo a formar en la conciencia de los educandos el amor a la patria, a sus instituciones democráticas y a todos los que por una y otras lucharon.

Artículo 52. Toda enseñanza pública será dotada en los presupuestos del Estado, la Provincia o el Municipio, y se hallará bajo la dirección técnica y administrativa del Ministerio de Educación, salvo aquellas enseñanzas que por su índole especial dependan de otros Ministerios. El Presupuesto del Ministerio de Educación no será inferior al ordinario de ningún otro Ministerio, salvo en caso de emergencia declarada por la Ley. El sueldo mensual del maestro de instrucción pública no deberá ser, en ningún caso, inferior a la millonésima parte del presupuesto total de la nación. El personal docente oficial tiene los derechos y deberes de los funcionarios públicos. La designación, ascensos, traslados y separación de los maestros y profesores públicos, inspectores, técnicos y demás funcionarios escolares se regulará de modo que en ello no influyan consideraciones ajenas a las estrictamente técnicas, sin perjuicio de la vigilancia sobre las condiciones morales que deban concurrir en tales funcionarios. Todos los cargos de dirección y supervisión de la enseñanza primaria oficial serán desempeñados por técnicos graduados de la Facultad universitaria correspondiente.

Artículo 53. La Universidad de La Habana es autónoma y estará gobernada de acuerdo con sus Estatutos y con la Ley a que los mismos deban atemperarse. El Estado contribuirá a crear el patrimonio universitario y al sostenimiento de dicha Universidad, consignando a este último fin, en sus presupuestos nacionales, la cantidad que fije la Ley.

Artículo 54. Podrán crearse universidades oficiales o privadas y cualesquiera otras instituciones y centros de altos estudios. La Ley determinará las condiciones que hayan de regularlos.

Artículo 55. La enseñanza oficial será laica. Los centros de enseñanza privada estarán sujetos a la reglamentación e inspección del Estado; pero en todo caso conservarán el derecho de impartir, separadamente de la instrucción técnica, la educación religiosa que deseen.

Artículo 56. En todos los centros docentes, públicos o privados, la enseñanza de la Literatura, la Historia y la Geografía cubana, y de la Cívica y de la Ley Fundamental, deberá ser impartida por maestros cubanos por nacimiento y mediante textos de autores que tengan esa misma condición.

Artículo 57. Para ejercer la docencia se requiere acreditar la capacidad en la forma que la Ley disponga. La Ley determinará qué profesiones, artes u oficios no docentes requieren títulos para su ejercicio, y la forma en que deben obtenerse. El Estado asegurará la preferencia en la provisión de los servicios públicos a los ciudadanos preparados oficialmente para la respectiva especialidad.

Artículo 58. El Estado regulará por medio de la Ley la conservación del tesoro cultural de la nación, su riqueza artística e histórica, así como también protegerá especialmente los monumentos nacionales y lugares notables por su belleza natural o por su reconocido valor artístico o histórico.

Artículo 59. Se creará un Consejo Nacional de Educación y Cultura que, presidido por el Ministro de Educación, estará encargado de fomentar, orientar técnicamente o inspeccionar las actividades educativas, científicas y artísticas de la nación. Su opinión será oída por el Consejo de Ministros en todo proyecto de Ley que se relacione con materias de su competencia. Los cargos del Consejo Nacional de Educación y Cultura serán honoríficos y gratuitos.

Disposiciones Transitorias al Título quinto, Sección segunda

Primera. Todos los bienes muebles e inmuebles que le fueron asignados a la Universidad de La Habana cuando le fue concedida la autonomía por Decreto número 2059 de fecha 6 de octubre de 1933, publicado en la *Gaceta Oficial* del día 9 siguiente, los demás bienes y derechos que por legado, donación, herencia o por cualquier otro título de adquisición le correspondan y los que para ser utilizados en sus actividades docentes les sean asignados por el Consejo de Ministros a los fines que prevé el **Artículo** 53 de esta Ley Fundamental, formarán su patrimonio como persona jurídica y se inscribirán en los correspondientes registros, libres de todo pago por concepto de derechos. Mientras el patrimonio universitario no rinda recursos anuales para la dotación suficiente de la Universidad de La Habana, la cantidad con que el Estado contribuirá al sostenimiento de la misma, de acuerdo con el **Artículo** 53 de esta Ley Fundamental, será el dos y cuarto por ciento de la suma total de gastos incluidos en dichos presupuestos, con excepción de las cantidades destinadas al pago de la deuda exterior. Esta cantidad será distribuida proporcionalmente entre las distintas Facultades de la Universidad de La Habana, tomando como base el número de alumnos que aspiran a los títulos que otorgue cada Facultad y las necesidades de sus respectivas enseñanzas. Lo dispuesto en esta Transitoria se aplicará también en forma proporcional a las Universidades de Oriente y de Las Villas, de acuerdo a sus necesidades, para las cuales el Consejo de Ministros, por medio de una Ley, podrá contribuir a su patrimonio, y a ese fin asignarles bienes que sean utilizados en sus actividades docentes.

Segunda. El Consejo de Ministros procederá a votar la Ley de la Reforma General de Enseñanza. Mientras tanto no podrá proveerse ninguna cátedra de enseñanza oficial sin los debidos títulos y certificados de capacidad específica.

Título sexto. Del Trabajo y de la Propiedad

Sección primera. Trabajo

Artículo 60. El trabajo es un derecho inalienable del individuo. El Estado empleará los recursos que estén a su alcance para proporcionar ocupación a todo el que carezca de ella y asegurará a todo trabajador manual o intelectual, las condiciones económicas necesarias a una existencia digna.

Artículo 61. Todo trabajador manual o intelectual de empresas públicas o privadas, del Estado, la Provincia o el Municipio, tendrá garantizado un salario o sueldo mínimo, que se determinará atendiendo a las condiciones de cada región y a las necesidades normales del trabajador en el orden material, moral y cultural y considerándolo como jefe de familia. La Ley establecerá la manera de regular periódicamente los salarios o sueldos mínimos por medio de comisiones paritarias para cada rama del trabajo, de acuerdo con el nivel de vida y con las peculiaridades de cada región y de cada actividad industrial, comercial o agrícola. En los trabajos a destajo, por ajuste o precio alzado, será obligatorio que quede racionalmente asegurado el salario mínimo por jornada de trabajo. El mínimo de todo salario o sueldo es inembargable, salvo las responsabilidades por pensiones alimenticias en la forma que establezca la Ley. Son también inembargables los instrumentos de labor de los trabajadores.

Artículo 62. A trabajo igual en idénticas condiciones, corresponderá siempre igual salario, cualesquiera sean las personas que lo realicen.

Artículo 63. No se podrá hacer en el sueldo o salario de los trabajadores manuales o intelectuales ningún descuento que no esté autorizado por la Ley. Los créditos a favor de los trabajadores por haberes y jornales devengados en el último año, tendrán preferencia sobre cualesquiera otros.

Artículo 64. Queda totalmente prohibido el pago en vales, fichas, mercancías o cualquier otro signo representativo con que se pretenda sustituir la moneda de curso legal. Su contravención será sancionada por la Ley. Los jornaleros percibirán su salario en plazo no mayor de una semana.

Artículo 65. Se establecen los seguros sociales como derecho irrenunciable e imprescriptible de los trabajadores, con el concurso equitativo del Estado, los patrones y los propios trabajadores, a fin de proteger a éstos de manera eficaz contra la invalidez, la vejez, el desempleo y demás contingencias del trabajo, en la forma que la Ley determine. Se establece asimismo el derecho de jubilación por antigüedad y el de pensión por causa de muerte. La administración y el gobierno de las instituciones a que se refiere el párrafo primero de este **Artículo**, estarán a cargo de organismos paritarios, elegidos por patronos y obreros con la intervención de un representante del Estado, en la forma que determine la Ley, salvo el caso de que se creara por el Estado el Banco de Seguros Sociales. Se declare igualmente obligatorio el seguro por accidentes del trabajo y enfermedades profesionales a expensas exclusivamente de los patronos y bajo la fiscalización del Estado. Los fondos o reservas de los seguros sociales no podrán ser objeto de transferencia, ni se podrá disponer de los mismos para fines distintos de los que determinaron su creación.

Artículo 66. La jornada máxima de trabajo no podrá exceder de ocho horas al día. Este máximo podrá ser reducido hasta seis horas diarias para los mayores de catorce años y menores de dieciocho. La labor máxima semanal será de cuarenta y cuatro horas, equivalente a cuarenta y ocho en el salario, exceptuándose las industrias que, por su naturaleza, tienen que realizar su producción ininterrumpidamente dentro de cierta época del año, hasta que la Ley determine sobre el régimen definitivo de esta excepción. Queda prohibido el trabajo y el aprendizaje a los menores de catorce años.

Artículo 67. Se establece para todos los trabajadores manuales e intelectuales el derecho al descanso retribuido de un mes por cada once de trabajo dentro de cada año natural. Aquellos que, por la índole de su trabajo u otra circunstancia no hayan laborado los once meses, tienen derecho al descanso retribuido de duración proporcional al tiempo trabajado. Cuando por ser fiesta o duelo nacional los obreros vaquen en su trabajo, los patronos deberán abonarles los salarios correspondientes. Sólo habrá cuatro días de fiesta y duelos nacionales en que sea obligatorio el cierre de los establecimientos industriales o comerciales, o de los espectáculos públicos en su caso. Los demás serán de fiestas o duelo oficial y se celebrarán sin que se suspendan las actividades económicas de la nación.

Artículo 68. No podrá establecerse diferencia entre casadas y solteras a los efectos del trabajo. La Ley regulará la protección a la maternidad obrera, extendiéndola a las empleadas. La mujer grávida no podrá ser separada de su empleo, ni se le exigirá efectuar, dentro de los tres meses anteriores al alumbramiento, trabajos que requieran esfuerzos físicos considerables. Durante las seis semanas que precedan inmediatamente al parto y las seis semanas que le siguen, gozará de descanso forzoso, retribuido igual que su trabajo, conservando el empleo y todos los derechos anexos al mismo y correspondientes a su contrato de trabajo. En el período de lactancia se le concederán dos descansos extraordinarios al día de media hora cada uno, para alimentar a su hijo.

Artículo 69. Se reconoce el derecho de sindicalización a los patronos, empleados privados y obreros, para los fines exclusivos de su actividad económico-social. La autoridad competente tendrá un término de treinta días para admitir o rechazar la inscripción de un sindicato obrero o patronal. La inscripción determinará la personalidad jurídica del sindicato obrero o patronal. La Ley regulará lo concerniente al reconocimiento del sindicato por los patronos y por los obreros respectivamente. No podrán disolverse definitivamente los sindicatos sin que recaiga sentencia firme de los tribunales de justicia. Las directivas de estas asociaciones estarán integradas exclusivamente por cubanos por nacimiento.

Artículo 70. Se establece la colegiación oficial obligatoria para el ejercicio de las profesiones universitarias. La Ley determinará la forma de constitución y funcionamiento en tales entidades de un organismo superior de carácter nacional, y de los órganos locales que fueren necesarios, de modo que estén regidas con plena autoridad por la mayoría de sus colegiados. La Ley regulará también la colegiación obligatoria de las demás profesiones reconocidas oficialmente por el Estado.

Artículo 71. Se reconoce el derecho de los trabajadores a la huelga y el de los patronos al paro conforme a la regulación que la Ley establezca para el ejercicio de ambos derechos.

Artículo 72. La Ley regulará el sistema de contratos colectivos de trabajo, los cuales serán de obligatorio cumplimiento para patronos y obreros. Serán nulas y no obligarán a los contratantes, aunque se expresen en un convenio de trabajo u otro pacto cualquiera, las estipulaciones que impliquen renuncia, disminución, adulteración o dejación de algún derecho reconocido a favor del obrero en esta Ley Fundamental o en la Ley.

Artículo 73. El cubano por nacimiento tendrá en el trabajo una participación preponderante, tanto en el importe total de los sueldos y salarios, como en las distintas categorías de trabajo en la forma que determine la Ley. También se extenderá protección al cubano naturalizado con familia nacida en el territorio nacional, con preferencia sobre el naturalizado que no se halle en esas condiciones y sobre los extranjeros. En el desempeño de los puestos técnicos indispensables, se exceptuará de lo preceptuado en los párrafos anteriores al extranjero, previas las formalidades de la Ley y siempre con la condición de facilitar a los nativos el aprendizaje del trabajo técnico de que se trate.

Artículo 74. El Ministerio del Trabajo cuidará, como parte esencial, entre otras, de su política social permanente, de que en la distribución de oportunidades de trabajo en la industria y en el comercio, no prevalezcan prácticas discriminatorias de ninguna clase. En las remociones de personal y en la creación de nuevas plazas, así como en las nuevas fábricas, industrias o comercios que se establecieren, será obligatorio distribuir las oportunidades de trabajo sin distingos de raza o color, siempre que se satisfagan los requisitos de idoneidad. La Ley establecerá que toda otra práctica será punible y perseguible de oficio o a instancia de parte afectada.

Artículo 75. La formación de empresas cooperativas, ya sean comerciales, agrícolas, industriales, de consumo o de cualquier otra índole, será auspiciada por la Ley; pero ésta regulará la definición, constitución y funcionamiento de tales empresas de modo que no sirvan para eludir o adulterar las disposiciones que para el régimen del trabajo establece esta Ley Fundamental.

Artículo 76. La Ley regulará la inmigración atendiendo al régimen económico nacional y a las necesidades sociales. Queda prohibida la importación de braceros contratados, así como toda inmigración que tienda a envilecer las condiciones del trabajo.

Artículo 77. Ninguna empresa podrá despedir a un trabajador sin previo expediente y con las demás formalidades que establezca la Ley, la cual determinará las causas justas de despido.

Artículo 78. El patrón será responsable del cumplimiento de las leyes sociales, aún cuando contrate el trabajo por intermediario. En todas las industrias y clases de trabajo en que se requieran conocimientos técnicos, será obligatorio el aprendizaje en la forma que establezca la Ley.

Artículo 79. El Estado fomentará la creación de viviendas baratas para obreros. La Ley determinará las empresas que, por emplear obreros fuera de los centros de población, estarán obligadas a proporcionar a los trabajadores habitaciones adecuadas, escuelas, enfermerías y demás servicios y atenciones propicias al bienestar físico y moral del trabajador y su familia. Asimismo la Ley reglamentará las condiciones que deben reunir los talleres, fábricas y locales de trabajo de todas clases.

Artículo 80. Se establecerá la asistencia social bajo la dirección del Ministerio de Bienestar Social, organizándolo por medio de la legislación pertinente, y proveyendo a las reservas necesarias con los fondos que la misma determine. Se establecen las carreras hospitalaria, sanitaria, forense y las demás que fueren necesarias para organizar en forma adecuada los servicios oficiales correspondientes. Las instituciones de beneficencia del Estado, la Provincia y el Municipio prestarán sus servicios con carácter gratuito sólo a los pobres.

Artículo 81. Se reconoce el mutualismo como principio y práctica sociales. La Ley regulará su funcionamiento de manera que disfruten de sus beneficios las personas de recursos modestos, y sirva a la vez, de justa y adecuada protección al profesional.

Artículo 82. Solamente podrán ejercer las profesiones que requieren título oficial, salvo lo dispuesto en el **Artículo** cincuenta y siete de esta Ley Fundamental, los cubanos por nacimiento y los naturalizados que hubieren obtenido esta condición con cinco años o más de anterioridad a la fecha en que solicitaren la autorización para ejercer. El Consejo de Ministros podrá sin embargo, por Ley extraordinaria, acordar la suspensión temporal de este precepto cuando, por razones de utilidad pública resultase necesaria o conveniente la cooperación de profesionales o técnicos extranjeros en el desarrollo de iniciativas públicas o privadas de interés nacional. La Ley que así lo acordare fijará el alcance y término de la autorización. En el cumplimiento de este precepto, así como en los casos en que por alguna ley o reglamento que regule el ejercicio de cualquiera nueva profesión, arte u oficio, se respetarán los derechos al trabajo adquiridos por las personas que hasta ese momento hubieran ejercido la profesión, arte u oficio de que se trate, y se observarán los principios de reciprocidad internacional.

Artículo 83. La Ley regulará la forma en que podrá realizarse el traslado de fábricas y talleres a los efectos de evitar que se envilezcan las condiciones de trabajo.

Artículo 84. Los problemas que se deriven de las relaciones entre el capital y el trabajo se someterán a comisiones de conciliación, integradas por representaciones paritarias de patronos y obreros. La Ley señalará el funcionario judicial que presidirá dichas comisiones y el tribunal nacional ante el cual sus resoluciones serán recurribles.

Artículo 85. A fin de asegurar el cumplimiento de la legislación social, el Estado proveerá a la vigilancia e inspección de las empresas.

Artículo 86. La enumeración de los derechos y beneficios a que esta Sección se refiere, no excluye otros que se deriven del principio de la justicia social, y serán aplicables por igual a todos los factores concurrentes al proceso de la producción.

Disposiciones Transitorias a la Sección primera del
Título VI

Primera. La participación preponderante del cubano por nacimiento en el trabajo establecida por la Ley Fundamental, no podrá ser inferior a la garantizada por la Ley de 8 de noviembre de 1933.

Segunda. Los derechos adquiridos por los trabajadores cubanos por nacimiento, con anterioridad a la promulgación de esta Ley Fundamental, al amparo de las leyes de nacionalización del trabajo promulgadas con fecha 8 de noviembre de 1933, son irrevocables.

Tercera. A los efectos del cumplimiento del **Artículo** 80 de esta Ley Fundamental, se convierte la beneficencia pública existente al promulgarse esta Ley Fundamental, en el servicio social previsto en dicho **Artículo**.

Sección segunda. Propiedad

Artículo 87. El Estado cubano reconoce la existencia y legitimidad de la propiedad privada en su más amplio concepto de función social y sin más limitaciones que aquéllas que por motivos de necesidad pública o interés social establezca la Ley.

Artículo 88. El subsuelo pertenece al Estado, que podrá hacer concesiones para su explotación conforme a lo que establezca la Ley. La propiedad minera concedida y no explotada dentro del término que fije la Ley, será declarada nula y reintegrada al Estado. Las tierras, los bosques y las concesiones para explotación del subsuelo, utilización de aguas, medios de transporte y toda otra empresa de servicio público, habrán de ser explotados de manera que propendan al bienestar social.

Artículo 89. El Estado tendrá el derecho de tanteo en toda adjudicación o venta forzosa de propiedades inmuebles y de valores representativas de propiedades inmobiliarias.

Artículo 90. Se prohíbe el latifundio y a los efectos de su desaparición, la Ley señalará el máximo de extensión de la propiedad que cada persona o entidad pueda poseer para cada tipo de explotación a que la tierra se dedique y tomando en cuenta las respectivas peculiaridades. La Ley limitará restrictivamente la adquisición y posesión de la tierra por personas y compañías extranjeras y adoptará medidas que tiendan a revertir la tierra al cubano.

Artículo 91. El padre de familia que habite, cultive y explote directamente una finca rústica de su propiedad, siempre que el valor de ésta no exceda de ocho mil pesos, podrá declararla con carácter irrevocable como propiedad familiar, en cuanto fuere imprescindible para su vivienda y subsistencia, y quedará exenta de impuestos y será inembargable e inalienable, salvo por responsabilidades anteriores a esta Ley Fundamental. Las mejoras que excedan de la suma anteriormente mencionada abonarán los impuestos correspondientes en la forma que establezca la Ley. A los efectos de que pueda explotarse dicha propiedad, su dueño podía gravar o dar en garantía siembras, plantaciones, frutos y productos de la misma.

Artículo 92. Todo autor o inventor disfrutará de la propiedad exclusiva de su obra o invención, con las limitaciones que señale la Ley en cuanto a tiempo y forma. Las concesiones de marcas industriales y comerciales y demás reconocimiento de crédito mercantil con indicaciones de procedencia cubana, serán nulas si se usaren, en cualquier forma, para amparar o cubrir **Artículos** manufacturados fuera del territorio nacional.

Artículo 93. No se podrán imponer gravámenes perpetuos sobre la propiedad del carácter de los censos y otros de naturaleza análoga y en tal virtud queda prohibido su establecimiento. El Consejo de Ministros, aprobará una Ley regulando la liquidación de los existentes. Quedan exceptuados de lo prescrito en el párrafo anterior, los censos o gravámenes establecidos o que se establezcan a beneficio del Estado, la Provincia o el Municipio, o a favor de instituciones públicas de toda clase o de instituciones privadas de beneficencia.

Artículo 94. Es obligación del Estado hacer cada diez años, por lo menos, un Censo de Población, que refleje todas las actividades económicas y sociales del país, así como publicar regularmente un Anuario Estadístico.

Artículo 95. Se declaran imprescriptibles los bienes de las instituciones de beneficencia.

Artículo 96. Se declaran de utilidad pública y por lo tanto en condiciones de ser expropiadas por el Estado, la Provincia o el Municipio, aquellas porciones de terreno que, donadas por personas de la antigua nobleza española para la fundación de una villa o población, y empleadas efectivamente para este fin adquiriendo el carácter de Ayuntamiento, fueron posteriormente ocupadas o inscriptas por los herederos o causahabientes del donante. Los vecinos de dicha villa o ciudad que posean edificios u ocupen solares en la parte urbanizada, podrán obtener de la entidad expropiadora que se les trasmita el dominio y posesión de los solares o parcela que ocupen, mediante el pago del precio proporcional que le corresponda.

Disposiciones Transitorias a la Sección segunda del
Título VI
Primera. El Consejo de Ministros acordará las leyes y disposiciones necesarias para la formación del Catastro Nacional y para terminar la medición exacta del territorio nacional para la realización de los estudios topográficos.

Segunda. El Estado repartirá las tierras de su propiedad que no necesite para sus propios fines en forma equitativa y proporcional, atendiendo a la condición de padre o cabeza de familia, y dando preferencia a quien la venga laborando directamente por cualquier título. En ningún caso el Estado podrá dar a una sola familia tierras que tengan un valor superior a $8.000,00.

Sección primera. Sufragio

Artículo 97. Se establece para todos los ciudadanos cubanos, como derecho, deber y función, el sufragio universal, igualitario y secreto. Esta función será obligatoria, y todo el que, salvo impedimento admitido por la ley, dejare de votar en una elección o referendo, será objeto de las sanciones que la Ley le imponga y carecerá de capacidad para ocupar magistratura o cargo público alguno durante dos años, a partir de la fecha de la infracción.

Artículo 98. Por medio del referendo el pueblo expresa su opinión sobre las cuestiones que se le someta. En toda elección o referendo decidirá la mayoría de los votos válidamente emitidos, salvo las excepciones establecidas en esta Ley Fundamental. El resultado se hará público de modo oficial, tan pronto como lo conozca el organismo competente. El voto se contará única y exclusivamente a la persona a cuyo favor se haya depositado, sin que pueda acumulársele a otro candidato. Además, en los casos de representación proporcional, se contará el sufragio emitido a favor del candidato para determinar el factor de partido.

Artículo 99. Son electores todos los cubanos, de uno u otro sexo, mayores de veinte años, con excepción de los siguientes:

a) Los asilados;

b) Los incapacitados mentalmente, previa declaración judicial de su incapacidad;

c) Los individuos pertenecientes a las fuerzas armadas o de policía, que estén en servicio activo.

Artículo 100. El Código Electoral establecerá el carné de identidad, con la fotografía del elector, su firma y huellas digitales, y los demás requisitos necesarios para la mejor identificación.

Artículo 101. Es punible toda forma de coacción para obligar a un ciudadano a afiliarse, votar o manifestar su voluntad en cualquier operación electoral. Se castigará esta infracción y se aplicará el duplo de la pena, además de imponerse la de inhabilitación permanente para el desempeño de cargos públicos, cuando la coacción la ejecute por sí o por persona intermedia, una autoridad o su agente, funcionario o empleado.

Artículo 102. Es libre la organización de partidos y asociaciones políticas. No podrán, sin embargo formarse agrupaciones políticas de raza, sexo o clase. Para la constitución de nuevos partidos políticos es indispensable presentar, junto con la solicitud correspondiente, un número de adhesiones igual o mayor al dos por ciento, del censo electoral correspondiente, según se trate de partidos nacionales, provinciales o municipales. El partido que en una elección general o especial no obtenga un número de votos que represente dicho tanto por ciento desaparecerá como tal y se procederá de oficio a tacharlo del Registro de Partidos. Sólo podrán presentar candidatura los partidos políticos, que teniendo un número de afiliados no menor que el fijado en este **Artículo** se hayan organizado o reorganizado, según los casos, antes de la elección. Los partidos políticos se reorganizarán en un solo día, seis meses antes de cada elección presidencial o de gobernadores y de alcaldes o concejales, o para delegados a una Convención Constituyente. El Tribunal Superior Electoral tachará, de oficio, del Registro de Partidos los que en tal oportunidad no se reorganizaren. Las asambleas de los partidos conservarán todas sus facultades y no podrán disolverse sino mediante reorganización legal. En todo caso, serán los únicos organismos encargados de acordar postulaciones, sin que en ningún caso pueda delegarse esta facultad.

Artículo 103. La Ley establecerá reglas y procedimientos que garanticen la intervención de las minorías en la formación del censo de electores, en la organización y reorganización de las asociaciones y partidos políticos y en las demás operaciones electorales; y les asegurará representación en los organismos electivos del Estado, la Provincia y el Municipio.

Artículo 104. Son nulas todas aquellas disposiciones modificativas de la legislación electoral que sean dictadas después de haberse convocado a una elección o referendo, o antes de que tomen posesión los que resulten electos o se conozca el resultado definitivo del referendo. Se exceptúan de esta prohibición aquellas modificaciones que fueren pedidas expresamente por el Tribunal Superior Electoral y se acordaren por las dos terceras partes del Consejo de Ministros. Desde la convocatoria a elecciones hasta la toma de posesión de los electos, el Tribunal Superior Electoral tendrá jurisdicción sobre las fuerzas armadas y sobre los cuerpos de policía, al solo objeto de garantizar la pureza de la función electoral.

Disposición Transitoria al Título séptimo, Sección primera

Única. No será de aplicación el **Artículo** 97 de esta Ley Fundamental a las personas a que se contrae la

Disposición Transitoria quinta del Título cuarto de esta Ley Fundamental.

Sección segunda. Oficios Públicos

Artículo 105. Son funcionarios, empleados y obreros públicos los que, previa demostración de capacidad y cumplimiento de los demás requisitos y formalidades establecidas por la ley, sean designados por autoridad competente para el desempeño de funciones o servicios públicos y perciban o no, sueldo o jornal con cargo a los presupuestos del Estado, la Provincia o el Municipio, o de entidades autónomas.

Artículo 106. Los funcionarios, empleados y obreros públicos civiles de todos los poderes del Estado, los de la Provincia, del Municipio y de las entidades o corporaciones autónomas, son servidores exclusivamente de los intereses generales de la República y su inamovilidad se garantiza por esta Ley Fundamental, con excepción de los que desempeñen cargos políticos y de confianza.

Artículo 107. Son cargos políticos y de confianza:

a) Los Ministros y Subsecretarios de Despacho; los Embajadores, Enviados Extraordinarios y Ministros Plenipotenciarios y los Directores Generales, estos en los casos en que la Ley no los declare técnicos;

b) Todo el personal adscrito a la oficina particular inmediata de los Ministros y Subsecretarios de Despacho;

c) Los Secretarios Particulares de los funcionarios;

d) Los Secretarios de las Administraciones Provinciales y Municipales, los Jefes de Departamento de estos organismos, y el personal adscrito a la oficina particular inmediata de los Gobernadores y Alcaldes;

e) Los funcionarios, empleados y obreros públicos civiles nombrados con carácter temporal con cargo a consignaciones ocasionales, cuya duración no alcance al año fiscal.

Artículo 108. El ingreso y el ascenso en los cargos públicos no exceptuados en el **Artículo** anterior, sólo podrán obtenerse después que los aspirantes hayan cumplido los requisitos, y sufrido, en concurso de méritos, las pruebas de idoneidad y de capacidad, que la ley establecerá, salvo en aquellos casos que, por la naturaleza de las funciones de que se trate, sean declarados exentos por la Ley.

Artículo 109. No se podrán imponer sanciones administrativas a los funcionarios, empleados y obreros públicos sin previa formación de expediente, instruido con audiencia del interesado y con los recursos que establezca la Ley. El procedimiento deberá ser siempre sumario.

Artículo 110. El funcionario, empleado u obrero público que sustituya al que haya sido removido de su cargo, se considerará sustituto provisional mientras no sea resuelta definitivamente la situación del sustituido, y sólo podrá invocar, en su caso, los derechos que le correspondan en el cargo de que proceda.

Artículo 111. Las excedencias forzosas sólo podrán decretarse por refundición o supresión de plazas, respetando la antigüedad de quienes las desempeñen. Los excedentes tendrán derecho preferente a ocupar, por orden de antigüedad, cargo de iguales o análogas funciones que se establecieren o vacaren en la misma categoría, o en la inmediata inferior.

Artículo 112. Nadie podrá desempeñar simultáneamente más de un cargo retribuido, directa o indirectamente, del Estado, la Provincia, el Municipio o las entidades o corporaciones autónomas, con excepción de los casos que señala esta Ley Fundamental. Las pensiones o jubilaciones del Estado, la Provincia y el Municipio son supletorias de las necesidades de sus beneficiarios. Los que tengan bienes de fortuna propios, sólo podrán percibir la parte de la pensión o jubilación que sea necesaria para que, sumada a los ingresos propios, no exceda del máximo de pensión que la Ley fijará. Igual criterio se aplicará para la percepción de más de una pensión. Nadie podrá percibir efectivamente, por concepto alguno, pensión, jubilación o retiro de más de $4.800,00 al año y la escala por que se abonen será unificada y extensiva a todos los pensionados y jubilados. Las personas que hoy disfrutan pensiones, retiros o jubilaciones mayores de $4.800,00 pesos anuales, no recibirán efectivamente mayor cantidad anual. Como homenaje de la República a sus libertadores, quedan exceptuados de lo dispuesto en los párrafos anteriores los miembros del Ejército Libertador de Cuba, sus viudas e hijos con derecho a pensión.

Artículo 113. Será obligación del Estado el pago mensual de las jubilaciones y pensiones por servicios prestados al Estado, la Provincia y el Municipio, en la proporción que permita la situación Tesoro Público y que en ningún caso será menor del cincuenta por ciento de la cuantía básica legal. Las cantidades para jubilaciones y pensiones se consignarán cada año en el presupuesto general de la nación. Ninguna pensión o jubilación será menor de la cantidad que como jornal mínimo se halle vigente a virtud de lo establecido en el **Artículo** sesenta y uno de esta Ley Fundamental. Las jubilaciones y pensiones de los funcionarios y empleados del Estado, la Provincia y el Municipio, comprendidas en la Ley General de Pensiones que rija, se pagarán en la misma oportunidad que sus haberes a los funcionarios y empleados en activo servicio, quedando el Estado, la Provincia y el Municipio obligados, en su caso, a arbitrar los recursos necesarios para atender a esta obligación. El pago de las pensiones a Veteranos de la guerra de Independencia y a sus familiares, se considerara preferente a toda otra obligación del Estado.

Artículo 114. El ingreso en la carrera notarial y en el cuerpo de Registradores de la Propiedad será por oposición regulada por la Ley.

Artículo 115. La acumulación y manejo de los fondos de los retiros sociales podrán ser independientes en la forma que determine la ley, pero el Consejo de Ministros dictará una Ley estableciendo las normas de carácter general por las que se regirán todas las jubilaciones y pensiones existentes, o que se creen en el futuro, en lo que se refiere a beneficios, contribuciones, requisitos mínimos y garantías.

Artículo 116. Para resolver las cuestiones relativas a los servicios públicos, se creará un organismo de carácter autónomo que se denominará Tribunal de Oficios Públicos y que estará integrado por siete miembros designados en la siguiente forma:

-Uno, por el Pleno del Tribunal Supremo de Justicia, y que deberá reunir las mismas condiciones requeridas para ser Magistrado de dicho Tribunal;

-Uno, designado por el Presidente de la República, previo acuerdo del Consejo de Ministros, y que deberá tener reconocida experiencia en cuestiones administrativas;

-Uno, designado por el Consejo de Ministros que deberá poseer título académico expedido por entidad oficial;

-Uno, designado por el Consejo Universitario, previa la terna elevada al efecto por la Facultad de Ciencias Sociales, de la cual deberá ser graduado;

-Uno, por los empleados del Estado;

-Uno, por los del Municipio;

-Los tres últimos miembros deberán tener reconocida experiencia en las ramas respectivas.

La resolución que dicte el Tribunal de Oficios Públicos causará estado y será de inmediato cumplimiento sin perjuicio de los recursos que la ley establezca.

Artículo 117. La Ley establecerá las sanciones correspondientes a quienes infrinjan los preceptos contenidos en esta Sección.

Disposiciones Transitorias a la Sección segunda del Título séptimo

Primera. El Consejo de Ministros aprobará y el Gobierno pondrá en vigor las leyes necesarias para la implantación de la carrera Administrativa ajustándolas a las normas contenidas en los **Artículos** correspondientes a la Sección de Oficios Públicos y en estas Disposiciones Transitorias, y a las demás que se estimen convenientes siempre que no modifiquen, restrinjan o adulteren las establecidas en esta Ley Fundamental.

Segunda. La inamovilidad que garantiza esta Ley Fundamental entrará en vigor previo el cumplimiento de los requisitos exigidos y condiciones que se establezcan en la Ley que dicte el Consejo de Ministros, las cuales comprenderán a todos los funcionarios, empleados y obreros civiles del Estado, la Provincia y el Municipio, con la sola excepción de aquellos funcionarios, empleados u obreros que acrediten llevar más de veinte años en servicios en la Administración Pública.

Tercera. La inamovilidad reconocida por la legislación vigente se entiende suspendida en la forma y por el término señalados en la Reforma Constitucional de fecha 13 de enero de 1959, promulgada y publicada en la *Gaceta Oficial* de 14 del propio mes y año.

Cuarta. Se reconoce el derecho que asiste a los miembros del disuelto Ejército Nacional y de la Policía Nacional, que estando en servicio activo el día cuatro de septiembre de mil novecientos treinta y tres, no continuaron en las filas, al disfrute de una pensión de retiro, que se concederá a ellos y a los herederos cuyo derecho reconozca la Ley, en la forma y cuantía que ésta determine y que no podrá ser nunca inferior en su ascendencia a la actualmente establecida. Se reconoce también este derecho a los que, habiendo estado disfrutando del retiro, lo hubieran perdido, siempre que ello no fuere por resolución de los Tribunales de Justicia. La Ley regulará esta disposición.

Título octavo. De los Órganos del Estado

Artículo 118. El Estado ejerce sus funciones por medio de los Poderes Legislativo, Ejecutivo y Judicial y los organismos reconocidos en la Ley Fundamental que conforme a la misma se establezcan por la Ley. Las provincias y los municipios, además de ejercer sus funciones propias, coadyuvan a la realización de los fines del Estado.

Título noveno. Del Poder Legislativo

Sección primera
Artículo 119. El Poder Legislativo se ejerce por el Consejo de Ministros.

Sección segunda. De las Atribuciones del Consejo de Ministros
Artículo 120. Son atribuciones propias del Consejo de Ministros las siguientes:

a) Aprobar los nombramientos que haga el Presidente de la República de los Jefes de Misión Diplomática permanente y de los demás funcionarios cuyo nombramiento requiera su aprobación según la Ley;

b) Autorizar a los cubanos para servir militarmente a un país extranjero o para aceptar de otro Gobierno empleos u honores que lleven aparejadas autoridad o jurisdicción propia;

c) Aprobar los tratados que negociare el Presidente de la República con otras naciones;

d) Las demás facultades que emanen de esta Ley Fundamental.

Sección tercera. De las Atribuciones no delegables del Consejo de Ministros como Órgano Legislativo
Artículo 121. Son facultades no delegables del Consejo de Ministros como Órgano Legislativo:

a) Formar los códigos y las leyes de carácter general; determinar el régimen de las elecciones; dictar las disposiciones relativas a la administración general, la provincial y la municipal, y acordar las demás leyes y resoluciones que estimare convenientes sobre cualesquiera otros asuntos de interés público o que sean necesarios para la efectividad de esta Ley Fundamental;

b) Establecer las contribuciones e impuestos de carácter nacional que sean necesarios para las atenciones del Estado;

c) Discutir y aprobar los presupuestos de gastos, inversiones e ingresos del Estado;

d) Resolver sobre los informes anuales que el Tribunal de Cuentas presente acerca de la liquidación de los presupuestos, el estado de la deuda pública y la moneda nacional;

e) Acordar empréstitos y autorizar, asimismo, la prestación de garantía estatal para las operaciones de crédito;

f) Acordar lo pertinente sobre la acuñación de la moneda, determinando su patrón, ley, valor y denominación y resolver lo que estime necesario sobre la emisión de signos fiduciarios y sobre el régimen bancario y financiero;

g) Regular el sistema de pesas y medidas;

h) Dictar disposiciones para el régimen y fomento del comercio interior y exterior de la agricultura y la industria, seguros del trabajo y vejez, maternidad y desempleo;

i) Regular los servicios de comunicaciones, atendiendo al régimen de los ferrocarriles, caminos, canales y puertos y al tránsito por vía terrestre, aérea y marítima, creando los que exija la conveniencia pública;

j) Fijar las reglas y procedimientos para obtener la naturalización y regular el régimen de los extranjeros;

k) Conceder amnistías de acuerdo con esta Ley Fundamental. Las amnistías para delitos comunes sólo podrán ser acordadas por el voto favorable de las dos terceras partes de los miembros del Consejo de Ministros y ratificadas por el mismo número de votos en tres sesiones consecutivas de dicho Consejo. Las amnistías de delitos políticos requieren igual votación extraordinaria, si en relación con los mismos se hubiere cometido homicidio o asesinato. No podrán concederse amnistías de delitos dolosos cometidos por funcionarios o empleados públicos en el ejercicio de sus cargos ni de delitos electorales y contra los derechos individuales que garantiza esta Ley Fundamental;

l) Fijar el cuerpo de las fuerzas armadas y acordar su organización;

m) Declarar la guerra y aprobar los tratados de paz que el Presidente de la República haya negociado;

n) Acordar todas las leyes que dispone esta Ley Fundamental y las que desenvuelven los principios contenidos en sus normas.

Sección cuarta. De la Iniciativa y Formación de las Leyes de su Sanción y Promulgación

Artículo 122. La iniciativa de las leyes compete:

a) A los miembros del Consejo de Ministros;

b) Al Presidente de la República;

c) Al Tribunal Supremo, en materia relativa a la administración de justicia;

d) Al Tribunal Superior Electoral, en materia de su competencia y jurisdicción;

e) Al Tribunal de Cuentas en asuntos de su competencia y jurisdicción. A los ciudadanos. En este caso será requisito indispensable que ejerciten la iniciativa 10000 ciudadanos, por lo menos, que tengan la condición de electores. Toda iniciativa legislativa se formulará como proposición de ley y será elevada al Consejo de Ministros.

Artículo 123. Las leyes se clasificarán en ordinarias y extraordinarias. Son leyes extraordinarias las que se indican como tales en la Ley Fundamental, las orgánicas y cualesquiera otras a las que el Consejo de Ministros dé este carácter. Son leyes ordinarias todas las demás. Las leyes extraordinarias necesitan para su aprobación los votos favorables de la mitad más uno de los componentes del Consejo de Ministros. Las leyes ordinarias sólo requerirán los votos favorables de la mayoría absoluta de los presentes en la sesión en que se aprueben.

Artículo 124. El Presidente de la República dentro de los diez días siguientes a la aprobación de un proyecto de ley por el Consejo de Ministros sancionará y promulgará la ley o la devolverá con las objeciones que considere oportunas a dicho Consejo de Ministros. Recibido el proyecto por el Consejo de Ministros, éste lo discutirá nuevamente y si las dos terceras partes del número total de sus miembros votasen en favor del proyecto éste será Ley. En todos estos casos las votaciones serán nominales. Si dentro del término a que se refiere el párrafo primero de este **Artículo** el Presidente no devolviese el proyecto de ley, se tendrá por sancionado y será Ley. Toda Ley será promulgada dentro de los diez días siguientes al de su sanción.

Título décimo. Del Poder Ejecutivo

Sección primera. Del Ejercicio del Poder Ejecutivo
Artículo 125. El Presidente de la República es el Jefe del Estado y representa a la Nación. El Poder Ejecutivo se ejerce por el Presidente de la República de acuerdo con lo establecido en esta Ley Fundamental.

Sección segunda. Del Presidente de la República, sus
Atribuciones y Deberes
Artículo 126. Para ser Presidente de la República se requiere:
a) Ser cubano por nacimiento, pero si esta condición resultare de lo dispuesto en el inciso d) del **Artículo** doce de esta Ley Fundamental será necesario haber servido en Cuba, en sus guerras de independencia, diez años por lo menos;
b) Haber cumplido treinta años de edad;
c) Hallarse en el pleno goce de los derechos civiles y políticos;
d) No haber pertenecido en servicio activo a las fuerzas armadas de la República durante los seis meses anteriores a la fecha de su designación como candidato presidencial.
Artículo 127. El que haya ocupado una vez el cargo de Presidente no podrá desempeñarlo nuevamente hasta ocho años después de haber cesado en el mismo.
Artículo 128. El Presidente de la República jurará ante el pueblo, al tomar posesión de su cargo, desempeñarlo fielmente cumpliendo y haciendo cumplir la Ley Fundamental y las leyes.
Artículo 129. Corresponde al Presidente de la República:

a) Sancionar y promulgar las leyes, ejecutarlas y hacerlas ejecutar; dictar, cuando no lo hubiere hecho el Consejo de Ministros, los reglamentos para la mejor ejecución de las mismas y expedir los decretos y las órdenes que para este fin y para cuanto incumba al gobierno y administración del Estado, fuere conveniente, sin contravenir, en ningún caso, lo establecido en las leyes;

b) Recomendar o iniciar la adaptación de las leyes y resoluciones que considere necesarias o útiles;

c) Presentar al Consejo de Ministros, sesenta días antes de la fecha en que debe comenzar a regir, el proyecto de presupuesto anual;

d) Dirigir las negociaciones diplomáticas y celebrar Tratados con las otras naciones, debiendo someterlos a la aprobación del Consejo de Ministros, sin cuyo requisito no tendrán validez ni obligarán a la República;

e) Nombrar, con la aprobación del Consejo de Ministros, al Presidente, Presidentes de Sala y Magistrados del Tribunal Supremo de Justicia, en la forma que dispone esta Ley Fundamental así como a los jefes de misiones diplomáticas;

f) Nombrar, para el desempeño de los demás cargos instituidos por la Ley, a los funcionarios correspondientes cuya designación no esté atribuida a otras autoridades;

g) Suspender el ejercicio de los derechos que se enumeran en el **Artículo** cuarenta y uno de esta Ley Fundamental, en los casos y en la forma que en la misma se establece;

h) Conceder indultos con arreglo a lo que prescriban la Ley Fundamental y la Ley, excepto cuando se trate de delitos electorales dolosos. Para indultar a los funcionarios y empleados públicos sancionados por delitos cometidos en el ejercicio de sus funciones, será necesario que éstos hubiesen cumplido por lo menos la tercera parte de la sanción que le fuera impuesta por los Tribunales;

i) Recibir a los representantes diplomáticos y admitir a los agentes consulares de las otras naciones;

j) Disponer de las fuerzas armadas de la República, como jefe supremo de las mismas;

k) Proveer a la defensa del territorio nacional y a la conservación del orden interior, dando cuenta al Consejo de Ministros;

l) Cumplir y hacer cumplir cuantas reglas, órdenes y disposiciones acuerde y dicte el Tribunal Superior Electoral;

m) Nombrar y remover libremente a los Ministros de Gobierno; sustituirlos en las oportunidades que proceda de acuerdo con esta Ley Fundamental y suscribir en su caso los acuerdos del Consejo de Ministros;

n) Ejercer las demás atribuciones que le confieran expresamente la Ley Fundamental y la Ley.

Artículo 130. Todos los decretos, órdenes y resoluciones del Presidente de la República habrán de ser refrendados por el Ministro correspondiente, sin cuyo requisito carecerán de fuerza obligatoria. No será necesario este refrendo en los casos de nombramiento de Ministros de Gobierno.

Artículo 131. El Presidente no podrá salir del territorio de la República sin autorización del Consejo de Ministros.

Artículo 132. El Presidente será responsable ante el pleno del Tribunal Supremo de Justicia por los delitos de carácter común que cometiere durante el ejercicio de su cargo, pero no podrá ser procesado sin previa autorización del Consejo de Ministros, acordada por el voto favorable de las dos terceras partes de sus miembros. En este caso, el Tribunal resolverá si procede suspenderlo en sus funciones hasta que recaiga sentencia. Asimismo el Presidente será responsable ante el pleno del Tribunal Supremo de Justicia por los delitos contra la seguridad exterior del Estado, el libre funcionamiento de los Poderes Legislativo o Judicial, o de infracción de los preceptos constitucionales.

Artículo 133. El Presidente recibirá del Estado una dotación que podrá ser alterada en todo tiempo; pero esta alteración no surtirá efecto sino en los períodos presidenciales siguientes a aquél que se acordare.

Artículo 134. En caso de ausencia, incapacidad o muerte del Presidente de la República, le sustituirá temporal o definitivamente, según el caso, la persona que designe el Consejo de Ministros por acuerdo de las dos terceras partes de sus miembros.

Título onceno. Del Consejo de Ministros

Artículo 135. Para el ejercicio del Poder Ejecutivo el Presidente de la República estará asistido de un Consejo de Ministros, integrado por el número de miembros que determine la ley. Uno de estos Ministros tendrá la categoría de primer Ministro por designación del Presidente de la República y podrá desempeñar el cargo con o sin cartera.

Artículo 136. Para ser Ministro se requiere:

a) Ser cubano por nacimiento;

b) Haber cumplido veinticinco años de edad;

c) Hallarse en el pleno goce de los derechos civiles y políticos;

d) No tener negocios con el Estado, la Provincia o el Municipio.

Artículo 137. Cada Ministro tendrá uno o más Subsecretarios que lo sustituirán en los casos de ausencia o falta temporal.

Artículo 138. El Consejo de Ministros será presidido por el Presidente de la República. Cuando el Presidente no asista a las sesiones del Consejo, lo presidirá el Primer Ministro.

Artículo 139. El Consejo de Ministros tendrá un Secretario encargado de levantar las actas del Consejo, certificar sus acuerdos y atender al despacho de los asuntos de la Presidencia de la República y del Consejo de Ministros.

Artículo 140. Los Ministros tendrán a su cargo el despacho de sus respectivos ministerios y deliberarán y resolverán sobre todas las cuestiones de interés general que no estén atribuidas a otras dependencias o autoridades y ejercerán las facultades que les correspondan con arreglo a la Ley Fundamental y la Ley.

Artículo 141. Los acuerdos del Consejo de Ministros se tomarán por mayoría de votos en sesiones a las que concurra la mitad más uno de los Ministros, con excepción de aquellos casos en que esta Ley Fundamental requiera una votación distinta.

Artículo 142. Los Ministros de Gobierno serán personalmente responsables de los actos que refrenden y solidariamente de los que juntos acuerden o autoricen.

Artículo 143. El Primer Ministro y los Ministros de Gobierno son criminalmente responsables ante el pleno del Tribunal Supremo de Justicia de los delitos comunes que cometieren.

Artículo 144. Todos los Ministerios funcionarán como organismos técnicos, siguiendo la orientación política del Gobierno.

Artículo 145. El Primer Ministro y los ministros de Gobierno jurarán o prometerán ante el Presidente de la República cumplir fielmente los deberes inherentes a sus cargos, así como observar y hacer cumplir la Ley Fundamental y las demás leyes de la República.

Artículo 146. Corresponderá al primer Ministro despachar con el Presidente de la República los asuntos de la política general del Gobierno y acompañado de los ministros los asuntos de los respectivos departamentos.

Artículo 147. Son atribuciones de los Ministros:

a) Cumplir y hacer cumplir la Ley Fundamental, las leyes, decretos-leyes, decretos, reglamentos y demás resoluciones y disposiciones;

b) Redactar proyectos de ley, reglamentos, decretos y cualesquiera otras resoluciones y presentarlos a la consideración del Gobierno;

c) Refrendar, conjuntamente con el Primer Ministro, las leyes y demás documentos autorizados con la firma del Presidente de la República, salvo los decretos de nombramientos o separación de Ministros.

Título duodécimo. Del Poder Judicial

Sección primera. Disposiciones Generales
Artículo 148. La justicia se administra en nombre del pueblo y su dispensación será gratuita en todo el territorio nacional. Los Jueces y Fiscales son independientes en el ejercicio de sus funciones y no deben obediencia más que a la Ley. Sólo podrá administrarse justicia por quienes pertenezcan permanentemente al Poder Judicial. Ningún miembro de este Poder podrá ejercer otra profesión. Los Registros del Estado Civil estarán a cargo de miembros del Poder Judicial.

Artículo 149. El Poder Judicial se ejerce por el Tribunal Supremo de Justicia, el Tribunal Superior Electoral y los demás Tribunales y Jueces que la Ley establezca. Ella regulará la organización de los tribunales, sus facultades, el modo de ejercerla y las condiciones que habrán de concurrir en los funcionarios que los integren.

Sección segunda. Del Tribunal Supremo de Justicia
Artículo 150. El Tribunal Supremo de Justicia se compondrá de las Salas que la Ley determine. Una de estas Salas constituirá el Tribunal de Garantías Constitucionales y Sociales. Cuando conozca de asuntos constitucionales será presidida necesariamente por el Presidente del Tribunal Supremo y no podrá estar integrada por menos de quince Magistrados.

Artículo 151. Para ser Presidente o Magistrado del Tribunal Supremo de Justicia, se requiere:

a) Ser cubano por nacimiento;

b) Haber cumplido treinta años de edad;

c) Hallarse en el pleno goce de los derechos civiles y políticos y no haber sido condenado a pena aflictiva por delito común;

d) Reunir, además, algunas de las circunstancias siguientes; haber ejercido en Cuba durante cinco años, por lo menos, la profesión de abogado; o haber desempeñado, por igual tiempo funciones judiciales o fiscales o explicado, durante el mismo número de años, una Cátedra de Derecho en establecimiento oficial de enseñanza. A los efectos del párrafo anterior podrán sumarse los períodos en que se hubiesen ejercido la abogacía y las funciones judiciales o fiscales.

Artículo 152. El Tribunal Supremo de Justicia tendrá además de las atribuciones que esta Ley Fundamental y la Ley le señalen, las siguientes:

a) Conocer los recursos de casación;

b) Dirimir las cuestiones de competencia entre los tribunales que le sean inmediatamente inferiores o no tengan superior común y las que se susciten entre las autoridades judiciales y las de otros órdenes de Estado, la Provincia y el Municipio;

c) Conocer de los juicios en que litiguen entre sí el Estado, la Provincia y el Municipio;

d) Decidir sobre la constitucionalidad de las leyes, decretos-leyes, decretos, reglamentos, acuerdos, órdenes, disposiciones y otros actos de cualquier organismo, autoridad o funcionario;

e) Decidir, en última instancia, sobre la suspensión o destitución de los gobernantes locales y provinciales conforme a lo dispuesto por esta Ley Fundamental y la Ley;

f) Juzgar al Presidente de la República cuando fuere acusado de delito contra la seguridad exterior del Estado, el libre funcionamiento de los Poderes Legislativos o Judicial, o de infracción de los preceptos constitucionales;

g) Juzgar a los Ministros del Gobierno cuando fueren acusados de delitos contra la seguridad exterior del Estado, el libre funcionamiento de los Poderes Legislativo o Judicial, o de infracción de los preceptos constitucionales, así como cualquier otro delito de carácter político que la Ley determine.

Artículo 153. Se instituye la carrera judicial. El ingreso en la misma se hará mediante ejercicios de oposición exceptuándose los magistrados del Tribunal Supremo.

Artículo 154. Para los nombramientos de Magistrados de Audiencia se observarán tres turnos:

-El primero, en concepto de ascenso, por rigurosa antigüedad en la categoría inferior;

-El segundo, mediante concurso entre los que ocupen la categoría inmediata inferior; y,

-El tercero, mediante ejercicios -teóricos y prácticos- de oposición, a los que podrán concurrir, tanto funcionarios judiciales y fiscales como abogados, no mayores de sesenta años. Los abogados en ejercicio deberán reunir los demás requisitos exigidos para poder ser nombrados Magistrados del Tribunal Supremo.

Artículo 155. Los nombramientos de Jueces se harán en dos turnos:

-Uno por rigurosa antigüedad en la categoría inferior; y,

-Otro por concurso, en el que podrán tomar parte funcionarios de la misma y de la inferior categoría.

En el primer turno a que se refiere este **Artículo** y el anterior, la vacante será provista por traslado si hubiere funcionario de igual categoría que así lo solicitare, reservándose el ingreso o el ascenso para las plazas que en definitiva queden disponibles en la categoría.

Artículo 156. La Sala de Gobierno del Tribunal Supremo determinará, clasificará y publicará los méritos que hayan de ser reconocidos a los funcionarios judiciales de cada categoría para el turno de ascenso.

Artículo 157. En los casos de concurso, los traslados y ascensos se otorgarán forzosamente al funcionario solicitante, de la propia categoría o de la inmediata inferior, que mayor puntuación hubiese obtenido. El Tribunal Supremo establecerá la pauta de puntuación por categoría, rectificándola semestralmente en consideración exclusiva a la capacidad, actuación, mérito y producción jurídica de cada funcionario.

Artículo 158. Los Magistrados del Tribunal Supremo serán nombrados por el Presidente de la República de una terna propuesta por un colegio electoral de nueve miembros. Éstos serán designados:

-Cuatro por el pleno del Tribunal Supremo, de su propio seno;

-Tres por el Presidente de la República; y,

-Dos por la Facultad de Derecho de la Universidad de La Habana;

-Los cinco últimos deberán reunir los requisitos exigidos para ser magistrado del Tribunal Supremo y los designados por la Facultad de Derecho no podrán pertenecer a la misma. El Colegio se forma para cada designación, y sus componentes que no sean magistrados no podrán volver a formar parte del mismo, sino transcurridos cuatro años. El Presidente del Tribunal Supremo y los Presidentes de Sala serán nombrados por el Presidente de la República a propuesta del pleno del Tribunal. Estos nombramientos y los de Magistrados del Tribunal Supremo deberán recibir la aprobación del Consejo de Ministros.

La terna a que se refiere el párrafo primero de este **Artículo** comprenderá por lo menos, si lo hubiere, a un funcionario judicial en activo servicio que haya desempeñado esas funciones durante diez años como mínimo.

Artículo 159. Los nombramientos, ascensos, traslados, permutas, suspensiones, correcciones, jubilaciones, licencias y supresiones de plazas se harán por una Sala de Gobierno especial, integrada por el Presidente del Tribunal Supremo y por seis miembros del mismo, elegidos anualmente entre los Presidentes de Sala y Magistrados de dicho Tribunal. No se puede formar parte de esta Sala de Gobierno dos años sucesivos. Todas las plazas de nueva creación serán cubiertas conforme a las disposiciones de esta Ley Fundamental. La facultad reglamentaria, en cuanto afecte al orden interno de los Tribunales, se ejercerá por la Sala del Gobierno del Tribunal Supremo de Justicia, de acuerdo con lo dispuesto en la Ley Orgánica del Poder Judicial.

Disposición Transitoria a la Sección segunda del Título duodécimo
Única. Las personas designadas al amparo y durante el término de suspensión de la inamovilidad judicial y la del Ministerio Fiscal de fecha de 10 de enero de 1959, acordada por el Consejo de Ministros, y publicada en la *Gaceta Oficial Extraordinaria* de fecha 13 de enero del presente año, podrán continuar en el desempeño de sus cargos aunque no reúnan los requisitos de edad mínima y de tiempo mínimo de ejercicio profesional que requiere esta Ley Fundamental.

Sección tercera. Del Tribunal de Garantías Constitucionales y Sociales
Artículo 160. El Tribunal de Garantías Constitucionales y Sociales es competente para conocer de los siguientes asuntos:
a) Los recursos de inconstitucionalidad contra las leyes, decretos-leyes, decretos, resoluciones o actos que nieguen,

disminuyan, restrinjan o adulteren los derechos y garantías consignados en esta Ley Fundamental o que impidan el libre funcionamiento de los órganos del Estado;

b) Las consultas de jueces y tribunales sobre la constitucionalidad de las leyes, decretos- leyes y demás disposiciones que hayan de aplicar en juicio;

c) Los recursos de Hábeas Corpus, por vía de apelación, o cuando haya sido ineficaz la reclamación ante otras autoridades o tribunales;

d) La validez del procedimiento y de la reforma constitucionales;

e) Las cuestiones jurídico-políticas y las de legislación social que esta Ley Fundamental y la ley sometan a su consideración;

f) Los recursos contra los abusos de poder.

Artículo 161. Pueden acudir ante el Tribunal de Garantías Constitucionales y Sociales sin necesidad de prestar fianza:

a) El Presidente de la República, los miembros del Consejo de Gobierno, del Consejo de Ministros, del Tribunal de Cuentas, y los comisionados provinciales y municipales;

b) Los Jueces y Tribunales;

c) El Ministerio Fiscal;

d) Las Universidades;

e) Los organismos autónomos autorizados por la Ley Fundamental o por la Ley;

f) Toda persona individual o colectiva que haya sido afectada por un acto o disposición que considere inconstitucional. Las personas no comprendidas en algunos de los incisos anteriores pueden acudir también al Tribunal de Garantías Constitucionales y Sociales, siempre que presten la fianza que la ley señale. La Ley establecerá el modo de funcionar el Tribunal de Garantías Constitucionales y Sociales y el procedimiento para sustanciar los recursos que ante el mismo se interpongan.

Sección cuarta. Del Tribunal Superior Electoral

Artículo 162. El Tribunal Superior Electoral estará formado por tres Magistrados del Tribunal Supremo de Justicia y dos de la Audiencia de La Habana, nombrados por un período de cuatro años y por los plenos de sus respectivos tribunales. La presidencia del Tribunal Superior Electoral corresponde al más antiguo de los tres Magistrados del Tribunal Supremo. Cada uno de los miembros del Tribunal tendrá dos suplentes, nombrados por el organismo de donde procedan.

Artículo 163. Además de las atribuciones que las leyes electorales le confieren, el Tribunal Superior Electoral queda investido de plenas facultades para garantizar la pureza del sufragio, fiscalizar e intervenir cuando lo considere necesario en todos los censos, elecciones y demás actos electorales, en la formación y organización de nuevos partidos, reorganización de los existentes, nominación de candidatos y proclamación de los electos. Le corresponden también:

a) Resolver las reclamaciones electorales que la Ley someta a su jurisdicción y competencia;

b) Dictar las instrucciones generales y especiales necesarias para el cumplimiento de la legislación electoral;

c) Resolver, en grado de apelación, los recursos sobre la validez o nulidad de una elección y la proclamación de candidatos;

d) Dictar instrucciones y disposiciones, de cumplimiento obligatorio, a las Fuerzas Armadas y de Policía para el mantenimiento del orden y de la libertad electoral durante el período de confección del Censo, el de organización y reorganización de los partidos y el comprendido entre la convocatoria a elecciones y la terminación de los escrutinios. En caso de grave alteración del orden público, o cuando el Tribunal estime que no existen suficientes garantías, podrá acordar la suspensión o la nulidad de todos los actos y operaciones electorales en el territorio afectado, aunque no estén suspendidas las garantías constitucionales.

Artículo 164. La Ley organizará los Tribunales Electorales. Para formarlos, podrá utilizar a funcionarios de la carrera judicial. El conocimiento de las reclamaciones electorales queda reservado a la jurisdicción electoral. Sin embargo, la Ley determinará los asuntos en que, por excepción, podrá recurrirse de las resoluciones del Tribunal Superior Electoral, en vía de apelación, ante el Tribunal de Garantías Constitucionales y Sociales.

Artículo 165. Se crea la carrera administrativa de los empleados y funcionarios electorales, subordinados a la jurisdicción máxima del Tribunal Superior Electoral; y se declararán inamovibles los empleados permanentes de las juntas electorales. La retribución fijada a estos funcionarios y empleados permanentes por el Código Electoral, no podrá ser alterada, sino en las condiciones y circunstancias establecidas para los funcionarios y empleados judiciales. La ley no podrá asignar distintas retribuciones a cargos de igual grado, categoría y funciones.

Sección quinta. Del Ministerio Fiscal

Artículo 166. El Ministerio Fiscal representa al pueblo ante la Administración de Justicia y tiene como finalidad primordial vigilar el cumplimiento de la Ley Fundamental y de la Ley. Los funcionarios del Ministerio Fiscal serán inamovibles e independientes en sus funciones, con excepción del Fiscal del Tribunal Supremo que será nombrado y removido libremente por el Presidente de la República.

Artículo 167. El ingreso en la carrera fiscal se hará mediante ejercicio de oposición y el ascenso habrá de realizarse en la forma que para los jueces establece esta Ley Fundamental. Los nombramientos incluyendo los de las plazas de nueva creación, ascensos, traslados, suspensiones, correcciones, licencias, separación y jubilación de los funcionarios del Ministerio Fiscal y la aceptación de sus permutas y renuncias se harán de acuerdo con lo que determine la Ley.

Artículo 168. El Fiscal del Tribunal Supremo de Justicia reunirá las condiciones exigidas para ser Magistrado del Tribunal Supremo; los Tenientes Fiscales del propio Tribunal y los Fiscales de los demás Tribunales, deberán ser cubanos por nacimiento, haber cumplido veinticinco años de edad y hallarse en pleno goce de los derechos civiles y políticos. Los demás funcionarios del Ministerio Fiscal reunirán las condiciones que la Ley señala.

Artículo 169. Cuando el Gobierno litigue o deba personarse en algún procedimiento, lo hará por medio de abogados del Estado, los cuales formarán un cuerpo cuya organización y funciones regula la Ley.

Disposición Transitoria a la Sección quinta del Título
Duodécimo
Única. Lo dispuesto en los **Artículo**s 166 y 167 de esta Ley Fundamental no será de aplicación durante el período de suspensión del derecho de inamovilidad judicial y del Ministerio Fiscal a que se contraen las anteriores Disposiciones Transitorias, salvo lo que dispusiere la Ley.

Sección sexta. Del Consejo Superior de Defensa Social
y de los Tribunales para Menores
Artículo 170. Habrá un Consejo Superior de Defensa Social que estará encargado de la ejecución de las sanciones y

medidas de seguridad que impliquen la privación o la limitación de la libertad individual, así como de la organización, dirección y administración de todos los establecimientos o instituciones que se requieran para la más eficaz prevención y represión de la criminalidad. Este organismo, que gozará de autonomía para el ejercicio de sus funciones técnicas y administrativas, tendrá también a su cargo la concesión y revocación de la libertad condicional, de acuerdo con la Ley.

Artículo 171. Se crean los Tribunales para menores de edad. La Ley regulará su organización y funcionamiento.

Sección séptima. De la Inconstitucionalidad

Artículo 172. La declaración de inconstitucionalidad podrá pedirse:

a) Por los interesados en los juicios, causas o negocios de que conozcan la jurisdicción ordinaria y las especiales;

b) Por veinticinco ciudadanos que justifiquen su condición de tales;

c) Por la persona a quien afecte la disposición que se estime inconstitucional. Los jueces y tribunales están obligados a resolver los conflictos entre las leyes vigentes y la Ley Fundamental, ajustándose al principio de que ésta prevalezca siempre sobre aquéllas. Cuando un juez o tribunal considere inaplicable cualquier ley, decreto-ley, decreto o disposición porque estime que viola la Ley Fundamental, suspenderá el procedimiento y elevará el asunto al Tribunal de Garantías Constitucionales y Sociales a fin de que declare o niegue la constitucionalidad del precepto en cuestión y devuelva el asunto al remitente para que continúe el procedimiento, dictando las medidas de seguridad que sean pertinentes. En los expedientes administrativos podrá plantearse el recurso de inconstitucionalidad al acudirse a la vía contencioso-admi nistrativo. Si las leyes no franquearen esta vía, podrá interponerse el recurso de inconstitucionalidad directamente contra la resolución administrativa. Los recursos de inconstitucionalidad, en los casos enumerados en los **Artículos** ciento cincuenta y dos, incisos a), b), c), d),y e); ciento sesenta y ciento sesenta y cuatro de esta Ley Fundamental, se interpondrán directamente ante el Tribunal de Garantías Constitucionales y Sociales. En todo recurso de inconstitucionalidad los Tribunales resolverán siempre el fondo de la reclamación. Si el recurso adoleciere de algún defecto de forma, concederá un plazo al recurrente para que lo subsane. No podrá aplicarse, en ningún caso ni forma, una ley, decreto-ley, decreto, reglamento, orden, disposición o medida que haya sido declarada inconstitucional, bajo pena de inhabilitación para el desempeño de cargo público. La sentencia en que se declare la inconstitucionalidad de un precepto legal o de una medida o acuerdo gubernativo, obligará al organismo, autoridad o un funcionario que haya dictado la disposición anulada, a derogarla inmediatamente. En todo caso la disposición legislativa o reglamentaria o medida gubernativa declarada inconstitucional, se considerará nula y sin valor ni efecto desde el día de la publicación de la sentencia en los estrados del Tribunal.

Artículo 173. El Tribunal Supremo y el de Garantías Constitucionales y Sociales están obligados a publicar sin demora sus sentencias en el periodo oficial que corresponda. En el presupuesto del Poder Judicial se consignará anualmente un crédito para el pago de estas atenciones.

Sección octava. De la Jurisdicción e Inamovilidad
Artículo 174. Los Tribunales ordinarios conocerán de todos los juicios, causas o negocios, sea cual fuere la jurisdicción

a que correspondan con la sola excepción de los originados por los delitos militares o por hechos ocurridos en el servicio de las armas, los cuales quedarán sometidos a la jurisdicción militar. Cuando estos delitos se cometan conjuntamente por militares y por personas no aforadas o cuando una de estas últimas sea víctima del delito, serán de la competencia de la jurisdicción ordinaria.

Artículo 175. En ningún caso podrán crearse tribunales, comisiones u organismos a los que se conceda competencia especial para conocer de hechos, juicios, causas, expedientes, cuestiones o negocios de las jurisdicciones atribuidas a los tribunales ordinarios.

Artículo 176. Los Tribunales de las fuerzas de mar y tierra se regirán por una ley orgánica especial y conocerán únicamente de los delitos y faltas estrictamente militares cometidos por sus miembros. En caso de guerra o grave alteración del orden público la jurisdicción militar conocerá de todos los delitos y faltas cometidos por los militares en el territorio donde exista realmente el estado de guerra, de acuerdo con la Ley.

Artículo 177. La responsabilidad civil y criminal en que incurran los jueces, magistrados y fiscales, en el ejercicio de sus funciones, o con motivo de ellas, será exigible ante el Tribunal Supremo de Justicia.

Artículo 178. Los funcionarios judiciales y del ministerio fiscal, abogados de oficio, así como sus auxiliares y subalternos, son inamovibles. En su virtud, no podrán ser suspendidos ni separados sino por razón de delito u otra causa grave debidamente acreditada y siempre con audiencia del inculpado. Estos funcionarios podrán ser suspendidos en el ejercicio de sus funciones en cualquier estado del expediente. Cuando en causa criminal un juez, magistrado, fiscal o abogado de oficio fuere procesado, será suspendido inmediatamente en el ejercicio de sus funciones. No podrá acordarse el traslado de jueces, magistrados, fiscales o abogados de oficio, a no ser mediante expediente de corrección disciplinaria o por los motivos de conveniencia pública que establezca la Ley. No obstante, los funcionarios del Ministerio Fiscal podrán ser trasladados en casos de vacantes, si lo solicitaren.

Artículo 179. Los cargos de Secretarios y Auxiliares de la administración de justicia se cubrirán por turnos alternativos de traslados y ascensos por antigüedad y méritos, determinados estos últimos, por concurso-oposición en la forma que fije la Ley y de acuerdo con el escalafón que confeccionará y publicará la Sala de Gobierno del Tribunal Supremo de Justicia.

Artículo 180. La Ley establecerá las causales de corrección, traslado y separación, así como la tramitación de los expedientes respectivos.

Artículo 181. El cumplimiento de las resoluciones judiciales es ineludible. La Ley establecerá las garantías necesarias para hacer efectivas estas resoluciones, si a ello resistiesen autoridades, funcionarios, empleados del Estado, de la Provincia o del Municipio, o miembros de las Fuerzas Armadas.

Artículo 182. Las sentencias que dicten los Jueces Correccionales, en los casos de delitos, serán apelables ante el Tribunal que la Ley determine, regulando éste su procedimiento.

Artículo 183. El Gobierno no tiene potestad para declarar lesiva una resolución firme de los tribunales. En el caso de que no pueda cumplirla indemnizará al perjudicado en la forma correspondiente siempre que proceda, solicitando el Consejo de Ministros los créditos necesarios si no los tuviere.

Artículo 184. La retribución de los funcionarios y empleados de la administración de justicia, del Ministerio Fiscal y de los funcionarios y empleados permanentes de los organismos electorales, no podrá ser alterada sino por una votación de las dos terceras partes de los miembros del Consejo de Ministros y en período no menores de cinco años. No podrán asignarse distintas retribuciones a cargos de igual grado, categoría y funciones. La retribución que se asigne a los magistrados del Tribunal Supremo de Justicia y a los demás funcionarios del Poder Judicial deberá ser, en todo caso, adecuada a la importancia y trascendencia de sus funciones.

Artículo 185. Ningún miembro del Poder Judicial podrá ser Ministro del Gobierno ni desempeñar función alguna adscripta a los Poderes Legislativo o Ejecutivo, excepto cuando se trate de formar parte de comisiones designadas por el Consejo de Ministros para la reforma de las leyes. Tampoco podrán figurar como candidatos a ningún cargo electivo.

Artículo 186. La responsabilidad penal y los motivos de separación en que pueda incurrir el Presidente, Presidentes de Sala, y Magistrados del Tribunal Supremo de Justicia, se declararán ajustándose al siguiente procedimiento:

El Consejo de Ministros será el competente para conocer de las denuncias contra dichos funcionarios. Recibida una denuncia, el Consejo nombrará una comisión para que la estudie, y ésta elevará su dictamen al Consejo de Ministros. Si por el voto de las dos terceras partes de sus miembros, emitido en votación secreta, el Consejo de Ministros considera fundada la denuncia se abrirá el juicio correspondiente ante un Tribunal que se denominará Gran Jurado, compuesto por trece miembros designados en la forma que sigue: El Presidente del Tribunal Supremo remitirá al Consejo de Ministros la relación completa de los miembros de dicho organismo, que no se encuentren afectados por la acusación. El Rector de la Universidad de la Habana remitirá al Consejo de Ministros la relación completa de los profesores titulares de su Facultad de Derecho. El Presidente de la República suministrará al Consejo de Ministros una relación de cincuenta abogados que reúnan las condiciones requeridas para ser magistrados del Tribunal Supremo, designados libremente por él. Recibidas estas listas por el Consejo de Ministros, éste procederá a determinar los componentes del Gran Jurado mediante insaculación. Cinco del Tribunal Supremo de Justicia. No habiéndolos, o no alcanzado su número, se completará, por el mismo procedimiento de una lista formada por el Presidente y los Magistrados de la Audiencia de La Habana, remitida al Presidente del Consejo de Ministros de dicha Audiencia. Cinco miembros de la Facultad de Derecho de la Universidad de La Habana; y tres miembros de la lista de cincuenta abogados. Este Tribunal será presidido por el funcionario judicial de mayor categoría y en su defecto por el de mayor antigüedad de los que concurran a integrarlo. El Consejo de Ministros, una vez nombrado el Gran Jurado, le dará traslado de la denuncia para la tramitación oportuna. Dictado el fallo, el Gran Jurado se disolverá.

Disposición Transitoria a la Sección octava del Título duodécimo

Única. Los miembros del Poder Judicial podrán prestar servicios en comisión en los Tribunales de Jurisdicción Penal Militar, a solicitud del Auditor General del Ejército Revolucionario.

Título decimotercero. Del Régimen Municipal

Sección primera. Disposiciones Generales

Artículo 187. El Municipio es la sociedad local organizada políticamente por autorización del Poder Legislativo en una extensión territorial determinada por necesarias relaciones de vecindad, sobre una base de capacidad económica para satisfacer los gastos del gobierno propio, y con personalidad jurídica a todos los efectos legales. La Ley determinará el territorio, el nombre de cada Municipio y el lugar de residencia de su gobierno.

Artículo 188. Los Municipios podrán asociarse para fines intermunicipales por acuerdo de sus respectivos gobiernos. También podrán incorporarse unos municipios a otros, o dividirse para constituir otros nuevos, o alterar sus límites, por iniciativa popular y con aprobación del Consejo de Ministros, oído el parecer de sus gobiernos respectivos. Para acordar la segregación de parte de un Término Municipal y agregarla a otro u otros colindantes, será preciso que lo solicite, por lo menos, un diez por ciento de los vecinos de la porción de territorio que se trate de segregar, y que, en una elección de referendo, el sesenta por ciento de los electores de dicha parte se muestre conforme con la segregación. Si el resultado del referendo fuese favorable a la solicitud presentada, se elevará el asunto al Consejo de Ministros para su resolución definitiva. Al señalarse las nuevas demarcaciones de territorio, y practicarse la división de bienes, se respetará el derecho de propiedad privada del Municipio cedente sobre los bienes que haya adquirido o constituido en la porción que se le segrega, sin perjuicio de reconocerle al Municipio que la recibe la parte proporcional que le corresponda por lo que hubiere aportado para la adquisición o construcción de dichos bienes. Siempre que se trate de la constitución de un nuevo Municipio, corresponderá al Tribunal de Cuentas informar sobre la capacidad económica del mismo para el mantenimiento del gobierno propio.

Artículo 189. El Gobierno Municipal es una entidad con poderes para satisfacer las necesidades colectivas peculiares de la Sociedad local y es, además, un organismo auxiliar del Poder Central ejercido por el Estado a través de todo el territorio nacional.

Artículo 190. El Municipio es autónomo. El Gobierno Municipal queda investido de todos los poderes necesarios para resolver libremente los asuntos de la sociedad local. Las facultades de las cuales no resulte investido el Gobierno Municipal por esta Ley Fundamental, quedan reservadas al Gobierno Nacional. El Estado podrá suplir la gestión municipal, cuando ésta sea insuficiente, en caso de epidemia, grave alteración del orden público u otros motivos de interés general, en la forma que determine la Ley.

Artículo 191. Corresponde especialmente al Gobierno Municipal:

a) Suministrar todos los servicios públicos locales; comprar, construir y operar empresas de servicios públicos, o prestar dichos servicios mediante concesión o contrato, con todas las garantías que establezca la Ley; y adquirir, por expropiación o por compra, para los propósitos indicados, las propiedades necesarias. También podrán operar empresas de carácter económico;

b) Llevar a cabo mejoras públicas locales y adquirir por compra, de acuerdo con sus dueños o mediante expropiación las propiedades directamente necesarias para la obra proyectada y las que conviniere para resarcirse del costo de la misma;

c) Crear y administrar escuelas, museos y bibliotecas públicas, campos para educación física y campos recreativos sin perjuicio de lo que la Ley establezca sobre educación; y adoptar y ejecutar, dentro de los límites del municipio, reglas sanitarias y de vigilancia local, y otras disposiciones similares que no se opongan a la Ley, así como propender al establecimiento de cooperativas de producción y de consumo y exposiciones y jardines botánicos y zoológicos, todo con carácter de servicio público;

d) Nombrar los empleados municipales con arreglo a los que establezcan esta Ley Fundamental y la Ley;

e) Formar sus presupuestos de gastos e ingresos y establecer los impuestos necesarios para cubrirlos siempre que éstos sean compatibles con el sistema tributario del Estado. Los municipios no podrán reducir ni suprimir ingresos de carácter permanente sin establecer al mismo tiempo otros que los sustituyan, salvo el caso en que la reducción o supresión corresponda a la reducción o supresión de gastos permanentes equivalentes. Los créditos que figuren en los presupuestos para gastos serán divididos en doceavas partes y no se pagará ninguna atención del mes corriente si no han sido liquidadas todas las del anterior;

f) Acordar empréstitos, votando al mismo tiempo los ingresos permanentes necesarios para el pago de sus intereses y amortización. Ningún municipio podrá contraer obligaciones de esta clase sin previo informe favorable del Tribunal de Cuentas. En el caso de que se acordaren nuevos impuestos para el pago de las obligaciones a que se refiere el párrafo anterior se requerirá, además, la votación conforme en una elección de referendo, de la mitad más uno de los votos emitidos por los electores del término municipal, sin que la votación pueda ser inferior al treinta por ciento de los mismos;

g) Contraer obligaciones económicas de pago aplazado para costear obras públicas, con el deber de consignar en los sucesivos presupuestos anuales los créditos necesarios para satisfacerlas, y siempre que su pago no absorba la capacidad económica del Municipio para prestar los otros servicios que tiene a su cargo. No podrá ningún Municipio contraer obligaciones de esta clase sin previo informe favorable del Tribunal de Cuentas;

h) La enumeración de estas facultades, así como cualquiera otra que se haga en la Ley, no implica una limitación o restricción de las facultades generales concedidas por la Ley Fundamental al Municipio sino la expresión de una parte de las mismas, sin perjuicio de lo dispuesto en el **Artículo** ciento noventa de esta Ley Fundamental. El comercio, las comunicaciones y el tránsito intermunicipales no podrán ser gravados por el municipio. Queda prohibido el plagio o la competencia desleal que pudiera resultar de medidas adoptadas por los Municipios. Los impuestos municipales sobre **Artículos** de primera necesidad se ajustarán a las bases que establezca la Ley.

Artículo 192. Corresponde especialmente al Gobierno Municipal:

a) El pago puntual de sueldos y jornales a los funcionarios y empleados municipales, de acuerdo con el nivel de vida de la localidad;

b) El sostenimiento de un albergue y casa de asistencia social, un taller de trabajo y una granja agrícola;

c) El mantenimiento de la vigilancia pública y de un servicio de extinción de incendios;

d) El funcionamiento, por lo menos en la cabecera de una escuela, una biblioteca, un centro de cultura popular y una casa de socorros médicos.

Artículo 193. En cada Municipio existirá una Comisión de urbanismo que tendrá la obligación de trazar el plan de ensanche y embellecimiento de la ciudad y vigilar su ejecución, teniendo en cuenta las necesidades presentes y futuras del tránsito público, de la higiene, del ornato y del bienestar común. Dicha Comisión atenderá a todo lo concerniente a la vivienda del trabajador y propondrá planes de fabricación de casa para obreros campesinos, las cuales podrán ser adquiridas a largo plazo con el importe de un módico alquiler que restituya al Municipio el capital invertido. Los Municipios precederán a ejecutar el plan que aprobaren consignado, obligatoriamente en sus presupuestos, las cantidades necesarias a tal fin, de sus ingresos ordinarios, sin que puedan ser éstas inferiores al costo de una casa en cada ejercicio económico, o acudiendo a los medios que les brinda la Ley Fundamental para llevar a cabo obras de esta naturaleza, en el caso de que sus ingresos ordinarios no fuesen suficientes para ello. Existirá asimismo una Comisión de caminos vecinales que tendrá la obligación de trazar, construir y conservar aquellos que, según un plan y régimen previamente acordado, favorezcan la explotación, el transporte y la distribución de los productos.

Artículo 194. La Ley determinará la urbanización de los caseríos o poblados contiguos a los bateyes de los ingenios azucareros o cualquier otra explotación agrícola o industrial de análoga naturaleza.

Sección segunda. Garantías de la Autonomía
Municipal

Artículo 195. Como garantía de la autonomía municipal, queda establecido lo siguiente:

a) Los acuerdos y las resoluciones de los gobernantes locales o de cualquier otra autoridad municipal no podrán ser suspendidas por el Presidente de la República, los gobernantes provinciales o por ninguna autoridad gubernativa. Solamente podrán serlo por acuerdo del Consejo de Ministros previa audiencia de los gobernantes municipales que hubieren dictado la resolución o acuerdo. También los referidos acuerdos o resoluciones podrán ser impugnados por las autoridades gubernativas cuando éstas los estimen ilegales, ante los Tribunales de Justicia, que declararán mediante el procedimiento sumario que establezca la Ley, si las autoridades municipales los han tomado o no, dentro de la esfera de competencia, de acuerdo con las facultades concedidas a los mismos por la Ley Fundamental;

b) Ninguna Ley podrá recabar para el Estado, las Provincias u otros organismos o instituciones, toda o parte de las cantidades que recauden los municipios por concepto de contribuciones, impuestos y demás medios de obtención de los ingresos municipales;

c) Ninguna Ley podrá declarar de carácter nacional un impuesto o tributo municipal que constituya una de las fuentes de ingreso del Municipio, sin garantizarle al mismo tiempo ingresos equivalentes a los nacionalizados;

d) Ninguna Ley podrá obligar a los municipios a ejercer funciones recaudadoras de impuestos de carácter nacional o provincial, a menos que los organismos interesados en el cobro nombren los auxiliares necesarios para esa gestión;

e) El Municipio no estará obligado a pagar ningún servicio que esté administrado por él mismo, salvo que otra cosa hubiere convenido expresamente con el Estado, los particulares u otros Municipios;

f) Los gobernantes municipales podrán por sí interponer ante el pleno del Tribunal Supremo recurso de abuso de poder contra toda resolución del Gobierno Nacional o Provincial que, a su juicio, atente contra la autonomía municipal establecida en esta Ley Fundamental.

Artículo 196. Como garantía de los habitantes del Término Municipal respecto a sus gobernantes locales, se dispone lo siguiente:

a) En caso de que las resoluciones o acuerdos de las autoridades u organismos municipales lesionen algún interés privado o social, el perjudicado o cualquier habitante del Municipio que considere que el acuerdo o resolución lesiona un interés público, podrá solicitar su nulidad y la reparación del daño ante los Tribunales de Justicia, mediante un procedimiento sumario establecido por la Ley. El Municipio responderá subsidiariamente y tendrá el derecho de repetir, cuando fuere condenado al pago, contra el funcionario culpable de haber ocasionado el daño en los términos que disponga la Ley;

b) Se exigirá el referendo en la contratación de empréstitos, emisiones de bonos y otras operaciones de movilización del crédito municipal que, por su cuantía, obliguen al Municipio que las realiza a la creación de nuevos impuestos para responder al pago de las amortizaciones o pagos de dichas contrataciones;

c) Se considerará resuelto negativamente lo que se solicite de las autoridades y organismos municipales cuando la petición o reclamación no fuere resuelta favorablemente dentro del término fijado por la Ley. Ésta regulará todo lo relativo a la impugnación de tales denegaciones tácitas y la responsabilidad de los culpables de la demora. La Ley fijará sanciones por la demora injustificada en la tramitación de las peticiones formuladas por los habitantes del Término Municipal a las autoridades y organismos municipales.

Artículo 197. La responsabilidad penal en que incurran los miembros del Gobierno del Municipio y demás autoridades municipales será exigible ante los Tribunales de Justicia, bien de oficio, a instancia del Fiscal, o por acción privada.

Ésta será popular y podrá ejercitarse sin constituir fianza, por no menos de veinticinco vecinos del Término Municipal, sin perjuicio de la responsabilidad que proceda por acusación falsa o calumniosa.

Sección Tercera. Gobierno Municipal

Artículo 198. Los Términos Municipales estarán regidos en la forma y mediante los órganos que acordare el Consejo de Ministros.

Artículo 199. En los presupuestos municipales se consignarán para atención de los barrios rurales las cantidades correspondientes de acuerdo con la siguiente escala gradual: En los barrios rurales que contribuyan de $100 a $1000 el 35% En los barrios rurales que contribuyan de $1001 a $5000 el 30% En los barrios rurales que contribuyan de $5001 a 10000 el 25% En los barrios rurales que contribuyan de $10001 en adelante el 20%.

Disposiciones Transitorias al Título decimotercero

Sección primera

Única. El Consejo de Ministros, por medio de una Ley, podrá declarar la nulidad de las concesiones para la prestación de servicios públicos que hayan otorgado los Municipios a partir del 10 de marzo de 1952 y hasta el 31 de diciembre de 1958.

Sección segunda

Única. Continuarán en vigor las disposiciones legales reguladoras del Gobierno Municipal en tanto no se opongan a los acuerdos que el Consejo de Ministros adoptare en cumplimiento de lo dispuesto en el **Artículo 198.**

Título decimocuarto

Sección Única. Del Régimen Provincial

Artículo 200. La Provincia comprenderán los Municipios situados dentro de su territorio. Cada provincia estará regida en la forma y mediante los órganos que acordare el Consejo de Ministros.

Artículo 201. Las disposiciones sobre hacienda pública contenidas en el Título correspondiente de esta Ley Fundamental, serán aplicables a la provincia en cuanto sean compatibles con el régimen de la misma.

Disposición Transitoria al Título Decimocuarto, Sección Única

Única. Continuarán en vigor las disposiciones legales reguladoras del Gobierno Provincial en tanto no se opongan a los acuerdos que el Consejo de Ministros adoptare en cumplimiento de lo dispuesto en el **Artículo 200.**

Sección primera. De los Bienes y Finanzas del Estado
Artículo 202. Pertenecen al Estado, además de los bienes de dominio público y de los suyos propios, todos los existentes en el territorio de la República, que no correspondan a las provincias o a los municipios, ni sean, individual o colectivamente, de propiedad particular.

Artículo 203. Los bienes propios o patrimoniales del Estado sólo podrán enajenarse o gravarse con las siguientes condiciones:

a) Que el Consejo de Ministros lo acuerde en Ley extraordinaria, por razón de necesidad o conveniencia social; y siempre por las dos terceras partes del número total de sus miembros;

b) Que la venta se realice mediante subasta pública. Si se trata de arrendamiento se procederá según disponga la Ley;

c) Que se destine el producto a crear trabajo, atender servicios o a satisfacer necesidades públicas. Podrá, sin embargo, acordarse la enajenación o gravamen en Ley ordinaria y realizarse sin el requisito de subasta pública, cuando se haga para desarrollar un plan económico-nacional aprobado en Ley extraordinaria, o cuando el bien propio o patrimonial se traspase a una universidad oficial para ser utilizado por ella en sus actividades docentes.

Artículo 204. El Estado no concertará empréstitos sino en virtud de una Ley aprobada por las dos terceras partes del número total de los miembros del Consejo de Ministros.

Artículo 205. El Estado garantiza la deuda pública, y en general, toda operación que implique responsabilidad económica para el Tesoro Nacional, siempre que se hubiere contraído de acuerdo con lo dispuesto en la Ley Fundamental y en la Ley.

Sección segunda. Del Presupuesto

Artículo 206. Todos los ingresos, gastos e inversiones del Estado, con excepción de los que se mencionan más adelante, serán previstos y fijados en presupuestos anuales y sólo regirán durante el año para el cual hayan sido aprobados. Se exceptúan de lo dispuesto en el párrafo anterior los fondos, cajas especiales o patrimonios privados de los organismos autorizados por la Ley Fundamental o por la Ley, y que estén dedicados a seguros sociales, obras públicas, fomento de la agricultura y regulación de la actividad industrial, agropecuaria, comercial o profesional y en general al fomento de la riqueza nacional. Estos fondos o sus impuestos serán entregados al organismo autónomo y administrados por éste, de acuerdo con la Ley que los haya creado, sujetos a la fiscalización del Tribunal de Cuentas. Los gastos del Poder Judicial, los del Tribunal de Cuentas y los de intereses y amortización de empréstitos, tendrán el carácter de permanentes y se incluirán necesariamente en los presupuestos.

Artículo 207. A los efectos de la protección de los intereses comunes y nacionales, dentro de cualquier rama de la producción, así como de las profesiones, la Ley podrá establecer asociaciones obligatorias de productores determinando la forma de constitución y funcionamiento de los organismos nacionales y de los regionales que fueran necesarios, en forma tal que en todos los momentos estén regidos por la mayoría de sus asociados con autoridad plena; concediéndoseles asimismo el derecho de subvenir a las necesidades de su acción organizada, mediante las cuotas que por ministerio de la propia Ley se impongan. Los presupuestos de estos organismos o cooperativas serán fiscalizados por el Tribunal de Cuentas.

Artículo 208. El Consejo de Ministros no podrá incluir en las leyes de presupuestos, disposiciones que introduzcan reformas legislativas o administrativas de otro orden; ni asignará a ninguno de los servicios que deben votarse en el presupuesto anual, cantidad mayor de la indicada en el proyecto de gobierno. Podrá, por medio de leyes, crear nuevos servicios o ampliar los existentes.

Artículo 209. El estudio y formación de los presupuestos anuales del Estado corresponde al Poder Ejecutivo; su aprobación o modificación, al Consejo de Ministros como órgano legislativo, dentro de los límites establecidos en esta Ley Fundamental. En caso de necesidad perentoria, el Consejo de Ministros, por medio de una ley, podrá acordar un presupuesto extraordinario. El Poder Ejecutivo presentará ante el Consejo de Ministros el proyecto de presupuesto anual, sesenta días antes de la fecha en que deba comenzar a regir. El Presidente de la República y especialmente el Ministro de Hacienda, incurrirá en la responsabilidad que la Ley determina si el presupuesto llega al Consejo de Ministros después de la fecha antes fijada. Si el presupuesto general no fuese votado antes del primer día del año económico en que deba regir, se entenderá prorrogado, por trimestres, conjuntamente con la Ley de Bases el que haya venido rigiendo. En este caso, el Poder Ejecutivo no podrá hacer más modificaciones que las derivadas de gastos ya pagados, o de servicios o gastos no necesarios en el nuevo ejercicio fiscal. Las atenciones de los prepuestos aprobados serán cubiertas necesariamente por los ingresos previstos en los mismos, sin que en ningún caso puedan cubrirse con ingresos extraordinarios, a no ser que lo autorice así una Ley de ese carácter. El presupuesto de gastos, ingresos e inversiones, será ejecutivo con la sola aprobación del Consejo de Ministros, que lo hará publicar inmediatamente.

Artículo 210. Los presupuestos contendrán en la parte de egresos, epígrafes en que se haga constar:

a) El montante absoluto de las responsabilidades legítimas del Estado, liquidadas y no pagadas, correspondientes a presupuestos anteriores;

b) La proporción de ese montante que se satisfará con los ingresos correspondientes al nuevo presupuesto. La Ley de Bases establecerá en cuanto a los incisos anteriores, necesariamente, las reglas relativas a la forma en que habrá de prorratearse entre los acreedores con créditos liquidados, la cantidad o cantidades que se fije para pagos durante la vigencia del presupuesto.

Artículo 211. Los créditos consignados en el estado de gastos del presupuesto fijarán las cantidades máximas destinadas a cada servicio, que no podrán ser aumentadas ni transferidas por el Poder Ejecutivo sin autorización previa del Consejo de Ministros. El Poder Ejecutivo podrá, sin embargo, conceder bajo su responsabilidad y cuando el Consejo de Ministros no esté reunido, créditos o suplementos de créditos en los siguientes casos:

a) Guerra o peligro inminente de ella;

b) Grave alteración del orden público;

c) Calamidades públicas. La tramitación de estos créditos se determinará por la Ley.

Artículo 212. El Poder Ejecutivo tiene la obligación de rendir anualmente las cuentas del Estado. A ese fin, el Ministro de Hacienda liquidará el presupuesto anual dentro de los tres meses siguientes a su expiración y, previa aprobación por el Consejo de Ministros, enviará su informe con los datos y comprobantes necesarios, al Tribunal de Cuentas. Éste dictaminará sobre el informe dentro de los tres meses siguientes y en el plazo, y sin perjuicio de la efectividad de sus acuerdos, comunicará al Consejo de Ministros y al Poder Ejecutivo las infracciones o responsabilidades en que a su juicio se haya incurrido. El Consejo de Ministros será, en definitiva, el que apruebe o rechace las cuentas. Los créditos presupuestados para gastos imprevistos de la administración sólo podrán ser invertidos, en su caso previo acuerdo del Consejo de Ministros. El Poder Ejecutivo remitirá al Consejo de Ministros mensualmente los balances correspondientes a los ingresos y gastos del Estado.

Artículo 213. El Poder Ejecutivo impedirá la duplicidad de servicios y la multiplicidad de agencias oficiales o semioficiales dotadas total o parcialmente por el Estado para la realización de sus fines.

Artículo 214. Nadie estará obligado al pago de impuestos, tasa o contribución alguna que no haya sido establecido expresamente por la Ley o por los Municipios, en la forma dispuesta por esta Ley Fundamental y cuyo importe no vaya a formar parte de los ingresos del presupuesto del Estado, la Provincia o el Municipio, salvo que se disponga otra cosa en la Ley Fundamental o en la Ley. No se considerarán comprendidas en la disposición anterior las contribuciones o cuotas impuestas por la Ley con carácter obligatorio a las personas o entidades integrantes de una industria, comercio o profesión, en favor de sus organismos reconocidos por la Ley.

Artículo 215. El Estado, sin perjuicio de los demás medios a su alcance, regulará el fomento de la riqueza nacional mediante la ejecución de obras públicas pagaderas, en todo o en parte, por los directamente beneficiados. La Ley determinará la forma y el procedimiento adecuados para que el Estado, la Provincia o el Municipio, por iniciativa propia o acogiendo la privada, promuevan la ejecución de tales obras, otorguen las concesiones pertinentes, autoricen la fijación, el repartimiento y la cobranza de impuestos para esos fines.

Artículo 216. La liquidación de cada crédito proveniente de fondos del Estado para la ejecución de cualquier obra o servicio público será publicada íntegramente en la *Gaceta Oficial* de la República, tan pronto haya obtenido la superior aprobación del Ministerio correspondiente. El acta de recepción, ya sea parcial, total, provisional o definitiva, de toda obra pública ejecutada total o parcialmente con fondos provenientes del Estado será publicada en la *Gaceta Oficial* de la República, tan pronto haya obtenido la superior aprobación del Ministerio correspondiente. Tanto la liquidación de los créditos provenientes de los fondos del Estado, como las recepciones definitivas de las obras ejecutadas por contrata o administración sufragadas parcial o totalmente con fondos provenientes del Estado, serán sometidas a la aprobación superior dentro de los sesenta días naturales después de terminadas las obras, sin perjuicio de las liquidaciones y recepciones parciales que se consideren procedentes por la Administración durante el proceso de ejecución de las obras.

Sección Tercera. Del Tribunal de Cuentas

Artículo 217. El Tribunal de Cuentas es el organismo fiscalizador de los ingresos, gastos e inversiones del Estado, la Provincia y el Municipio, y de las organizaciones autónomas nacidas al amparo de la Ley que reciban sus ingresos, directa o indirectamente, a través del Estado. El Tribunal de Cuentas sólo depende de la Ley, y sus conflictos con otros organismos se someterán a la resolución del Tribunal Supremo de Justicia.

Artículo 218. El Tribunal de Cuentas estará compuesto por siete miembros, cuatro de los cuales serán abogados y tres contadores públicos o profesores mercantiles. También podrá ser designado aún sin ser abogado o contador cualquier persona que esté comprendida en el inciso d) del **Artículo** siguiente. Los abogados deberán reunir los mismos requisitos que se exigen para ser miembros del Tribunal Supremo. Los contadores públicos o profesores mercantiles deberán ser mayores de treinta años, cubanos por nacimiento y tener no menos de cinco años en el ejercicio de su profesión. El pleno del Tribunal Supremo designará dos de los abogados que serán el Presidente y el Secretario del Tribunal. El Presidente de la República designará un miembro abogado y uno contador público o profesor mercantil. El Consejo Universitario designará un miembro contador público o profesor mercantil. Los miembros del Tribunal de Cuentas desempeñarán sus cargos por un período de ocho años y sólo podrán ser separados dentro de este período por el Tribunal de Garantías Constitucionales y Sociales del Tribunal Supremo de Justicia de la República, previo expediente y resolución razonada. Los miembros del Tribunal de Cuentas no podrán formar parte de ningún otro organismo oficial o autónomo que dependa, directa o indirectamente del Estado, la Provincia o el Municipio, no podrán ejercer profesión, industria o comercio.

Artículo 219. Para ser miembro del Tribunal de Cuantas se requiere:

a) Ser cubano por nacimiento;

b) Haber cumplido treinta años de edad;

c) Hallarse en el pleno goce de los derechos civiles y políticos y no tener antecedentes penales;

d) Ser abogado con cinco años de ejercicio, haber sido Ministro, o Secretario, o Subsecretario de Hacienda, Interventor General de la República, Tesorero o Jefe de Contabilidad del Ministerio de Hacienda, Catedrático de Economía,

Hacienda, Intervención y Fiscalización o de Contabilidad en establecimiento oficial de enseñanza o poseer título de Contador Público o Profesor Mercantil con cinco años de ejercicio. Los miembros del Tribunal de Cuentas no podrán tener interés material, directo o indirecto, en ninguna empresa agrícola, industrial, comercial o financiera conectada con el Estado, la Provincia o el Municipio.

Artículo 220. El Tribunal de Cuentas nombrará interventores, funcionarios, empleados y auxiliares, mediante prueba acreditativa de capacidad.

Artículo 221. Son atribuciones del Tribunal de Cuentas:

a) Velar por la aplicación de los Presupuestos del Estado, la Provincia y el Municipio y de los organismos autónomos que reciban sus ingresos directa o indirectamente a través del Estado, examinando y fiscalizando la contabilidad de todos ellos;

b) Conocer de las órdenes de adelanto del Estado para aprobar la situación de fondos con vista del presupuesto, de manera que se cumplan las disposiciones de la Ley de Bases y que se tramiten sin preferencias ni pretensiones;

c) Inspeccionar en general los gastos y desembolsos del Estado, la Provincia y el Municipio tanto para la realización de obras, como para suministros y pago de personal y las subastas hechas con ese fin. A este efecto podrá incoar expedientes para comprobar si los gastos realizados corresponden efectivamente al servicio realizado por las instituciones oficiales bajo su supervisión, debiendo comprobar por medio de los expedientes correspondientes para fijar el costo promedio por unidad de obra y el valor promedio de los suministros que el Estado deba percibir de acuerdo con el mercado. Asimismo podrá tramitar todas las denuncias que formulen con este motivo y rendir un informe anual al Presidente de la República en relación con la forma en que se han realizado los gastos de las instituciones bajo su fiscalización, para que éste lo envíe con sus respectivas observaciones al Consejo de Ministros;

d) Pedir informes a todos los organismos y dependencias sujetos a su fiscalización y nombrar delegado especial para practicar las correspondientes investigaciones cuando los datos no sean suministrados, o cuando éstos se estimen deficientes. El Tribunal estará obligado a rendir información detallada al Poder Ejecutivo y al Consejo de Ministros cuando sea requerido al efecto, sobre todos los extremos concernientes a su actuación;

e) Rendir anualmente un informe con respecto al estado y administración del tesoro público, la moneda nacional, la deuda pública y el presupuesto y su liquidación;

f) Recibir declaración bajo juramento o promesa a todo ciudadano designado para desempeñar una función pública, antes de tomar posesión y al cesar en el cargo, acerca de los bienes de fortuna que posea, y realizando al efecto las investigaciones que estime procedentes. La Ley regulará y determinará la oportunidad y forma de ejercer esta función;

g) Dar cuenta a los tribunales del tanto de culpa que resulte de la inspección y fiscalización que realice en relación con las facultades que le han sido concedidas por los incisos anteriores, y dictar las instrucciones oportunas en los casos de infracciones en que no hubiere responsabilidad penal, para el mejor cumplimiento de las leyes de contabilidad por todos los organismos sujetos a su fiscalización;

h) Publicar sus informes para general conocimiento;

i) Cumplir los demás deberes que le señalan la Ley y los Reglamentos.

Disposición Transitoria al Título Decimoquinto,
Sección Tercera
Única. Los miembros del Tribunal de Cuentas designados
durante el término de suspensión de la inamovilidad de los
mimos, acordada por el Consejo de Ministros y promulgada
en la *Gaceta Oficial* de fecha 13 de enero de 1959, podrán
continuar en el desempeño de sus cargos aunque no reúnan
los requisitos de edad mínima y de tiempo mínimo de ejercicio profesional que requiere esta Ley Fundamental.

Sección Cuarta. De la Economía Nacional
Artículo 222. El Estado orientará la economía nacional en
beneficio del pueblo para asegurar a cada individuo una
existencia decorosa. Será función primordial del Estado fomentar la agricultura e industria nacionales, procurando su
diversificación como fuentes de riqueza pública y beneficio
colectivo.

Artículo 223. El dominio y posesión de bienes inmuebles
y la explotación de empresas o negocios agrícolas, industriales, comerciales, bancarios y de cualquier otra índole por
extranjeros radicados en Cuba, o que en Cuba realicen sus
operaciones aunque radiquen fuera de ella, están sujetos de
un modo obligatorio a las mismas condiciones que establezca la Ley para los nacionales, las cuales deberán responder,
en todo caso, al interés económico-social de la Nación.

Artículo 224. El incremento del valor de las tierras y de la
propiedad inmueble, que se produzca sin esfuerzo del trabajo o del capital privado y únicamente por causa de la acción
del Estado, la Provincia o del Municipio, cederá en beneficio
de éstos la parte proporcional que determine la Ley.

Artículo 225. Serán nulas las estipulaciones de los contratos de arrendamiento, colonato o aparcería de fincas rústicas que impongan la renuncia de derechos reconocidos en la Ley Fundamental o en la Ley, y también cualesquiera otros pactos que ésta o los Tribunales declaren abusivos. Al regular dichos contratos se establecerán las normas adecuadas para tutelar las rentas que serán flexibles, con máximos y mínimos según el destino, productividad, ubicación y demás circunstancias del bien arrendado; para fijar el mínimo de duración de los propios contratos según dichos elementos, y para garantizar al arrendatario, colono o aparcero, una compensación razonable por el valor de las mejoras y bienhechurías que entregue en buen estado y que haya realizado a sus expensas con el consentimiento expreso o tácito del dueño, o por haberlas requerido la explotación del inmueble dado su destino. El arrendatario no tendrá derecho a dicha compensación si el contrato termina anticipadamente por su culpa, ni tampoco cuando rehúse la prórroga que se le ofrezca bajo las mismas condiciones vigentes al ocurrir el vencimiento del contrato. También regulará la Ley los contratos de refacción agrícola y de molienda de cañas, así como la entrega de otros frutos por quien los produzca, otorgando al agricultor la debida protección.

Artículo 226. La ley regulará la siembra y molienda de la caña por administración, reduciéndolas al límite mínimo impuesto por la necesidad económico-social de mantener la industria azucarera sobre la base de la división de los dos grandes factores que concurren a su desarrollo: industriales o productores de azúcar y agricultores o colonos, productores de caña.

Artículo 227. Serán nulas y carecerán de efecto las leyes y disposiciones creadoras de monopolios privados, o que regulen el comercio, la industria y la agricultura en forma tal que produzca ese resultado. La Ley cuidará especialmente de que no sean monopolizadas en interés particular las actividades comerciales en los centros de trabajo agrícolas e industriales.

Artículo 228. Los servicios públicos, nacionales o locales se considerarán de interés social. Por consiguiente, tanto el Estado como la Provincia y el Municipio, en sus casos respectivos, tendrán el derecho de supervisarlos, dictando al efecto las medidas necesarias.

Artículo 229. No se gravará con impuesto de consumo la materia prima nacional que, sea o no producto del agro, se destine a la manufactura o exportación. Tampoco se establecerá impuesto de consumo sobre los productos de la industria nacional, si no pueden gravarse en igual forma los mismos productos, sus similares o sustitutos importados del extranjero.

Artículo 230. El Estado mantendrá la independencia de las instituciones privadas de previsión y cooperación social que se sostienen normalmente sin el auxilio de los fondos públicos, y contribuirá al desenvolvimiento de las mismas mediante la legislación adecuada.

Artículo 231. La moneda y la banca estarán sometidas a la regulación y fiscalización del Estado. El Estado mantendrá organizado por medio de entidades autónomas un sistema bancario para el mejor desarrollo de su economía, así como el Banco Nacional, que lo será de Emisión y Redescuento. El Estado podrá exigir que el capital del Banco Nacional sea suscrito por los bancos existentes en el territorio nacional. Los que cumplan estos requisitos estarán representados en el Consejo de Dirección.

Título Decimosexto. De la Reforma de la Constitución

Artículo 232. La Ley Fundamental podrá reformarse por el Consejo de Ministros, en votación nominal, con la conformidad de las dos terceras partes de sus componentes, ratificadas en igual votación en tres sesiones sucesivas, y con la aprobación del Presidente de la República.

Artículo 233. La reforma de la Ley Fundamental podrá ser específica, parcial o íntegra.

Disposiciones Transitorias Adicionales

Primera. Todas las disposiciones legales y reglamentarias penales, civiles y administrativas, promulgadas por el Alto Mando del Ejército Rebelde durante el desarrollo de la lucha armada contra la tiranía derrocada el 31 de diciembre de 1958, continuarán en vigor en todo el territorio de la Nación hasta que se instaure el Gobierno de elección popular, salvo modificación o derogación posteriores.

Segunda. Para su más amplio conocimiento se dispone la publicación en la *Gaceta Oficial* de la República de todas las disposiciones legales y reglamentarias promulgadas en el territorio libre por el Alto Mando del Ejército Rebelde durante el desarrollo de la lucha armada.

Tercera. Se suspende por un término de noventa 90 días a partir de la promulgación de esta Ley Fundamental, la aplicación de sus **Artículo**s 27, 29, 174 y 175, respecto a aquellas personas sometidas a la jurisdicción de los Tribunales Revolucionarios regulados por el régimen penal del Alto Mando del Ejército Rebelde, así como a los miembros de las fuerzas armadas, de los grupos represivos de la tiranía derrocada el 31 de diciembre de 1958, de los grupos auxiliares organizados por ésta, de los grupos armados privadamente organizados para defender dicha tiranía, así como de los confidentes. Tampoco serán de aplicación dichos preceptos constitucionales a aquellas personas sujetas a investigación y detenidas por autoridades militares, a quienes se les impute la comisión de delitos cometidos en pro de la instauración y defensa de la tiranía y contra la economía nacional o la Hacienda Pública.

Cuarta. Por igual término se suspende la aplicación del inciso d) del **Artículo** 152 y el inciso a) del **Artículo** 160 de esta Ley Fundamental, en los casos en que las cuestiones de constitucionalidad e inconstitucionalidad fueren promovidas por las personas a que se contrae la Disposición Transitoria anterior, o mediante acción pública e interés de aquéllas.

Quinta. Se suspenden íntegramente durante un término de 30 días hábiles posteriores a la promulgación de esta Ley Fundamental, las disposiciones contenidas en el Título duodécimo sobre inamovilidad del Poder Judicial, del Ministerio Fiscal, Abogados de Oficio, así como Auxiliares y Subalternos y de los funcionarios y empleados electorales. La remoción de los funcionarios que desempeñan la Cuarta y Quinta Categorías del Poder Judicial y de los Auxiliares y Subalternos del Tribunal Supremo, la realizará la Sala de Gobierno Especial del mismo, conjuntamente con el Presidente de la República procediendo a designar libremente los sustitutos correspondientes. La organización en las demás categorías se confiere a la Sala de Gobierno Especial del Tribunal Supremo, la que en el plazo señalado, podrá remover libremente a todos los funcionarios del Poder Judicial de la República, desde la Sexta a la última categoría, pero las designaciones para cubrir las vacantes las realizará de acuerdo y por los turnos señalados en esta Ley Fundamental. La Sala de Gobierno Especial del Tribunal Supremo podrá remover y designar libremente durante el citado plazo, a los Auxiliares y Subalternos de las Audiencias y Juzgados de la República. Al Tribunal Superior Electoral corresponderá remover y designar libremente, durante el propio plazo a los funcionarios y empleados electorales. A partir de la promulgación de esta Ley Fundamental y hasta que esté terminada la reorganización del Poder Judicial y de los Organismos Electorales, que se regula en la presente Disposición Transitoria, no podrá promoverse, tramitarse ni concederse jubilación judicial alguna, salvo autorización expresa del Poder Ejecutivo. Esta Ley Fundamental comenzará a regir a partir de su publicación en la Gaceta oficial de la República. Por Tanto: Mando que se cumpla y ejecute la presente Ley en todas sus partes.

Dada en el Palacio de la Presidencia, en La Habana, a 7 de febrero de 1959.

Libros a la carta

A la carta es un servicio especializado para
empresas,
librerías,
bibliotecas,
editoriales
y centros de enseñanza;
y permite confeccionar libros que, por su formato y concepción, sirven a los propósitos más específicos de estas instituciones.

Las empresas nos encargan ediciones personalizadas para
marketing editorial o para regalos institucionales. Y los interesados solicitan, a título personal, ediciones antiguas, o
no disponibles en el mercado; y las acompañan con notas y
comentarios críticos.

Las ediciones tienen como apoyo un libro de estilo con
todo tipo de referencias sobre los criterios de tratamiento
tipográfico aplicados a nuestros libros que puede ser consul-
tado en Linkgua-ediciones.com.

Linkgua edita por encargo diferentes versiones de una
misma obra con distintos tratamientos ortotipográficos (ac-
tualizaciones de carácter divulgativo de un clásico, o versiones estrictamente fieles a la edición original de referencia).

Este servicio de ediciones a la carta le permitirá, si usted
se dedica a la enseñanza, tener una forma de hacer pública
su interpretación de un texto y, sobre una versión digitaliza-
da «base», usted podrá introducir interpretaciones del texto
fuente. Es un tópico que los profesores denuncien en clase
los desmanes de una edición, o vayan comentando errores
de interpretación de un texto y esta es una solución útil a esa
necesidad del mundo académico.

Asimismo publicamos de manera sistemática, en un mismo catálogo, tesis doctorales y actas de congresos académicos, que son distribuidas a través de nuestra Web.

El servicio de «libros a la carta» funciona de dos formas.

1. Tenemos un fondo de libros digitalizados que usted puede personalizar en tiradas de al menos cinco ejemplares. Estas personalizaciones pueden ser de todo tipo: añadir notas de clase para uso de un grupo de estudiantes, introducir logos corporativos para uso con fines de marketing empresarial, etc. etc.

www.ingramcontent.com/pod-product-compliance
Lightning Source LLC
Chambersburg PA
CBHW021928170626
46807CB00007B/3027